GENOCIDIOS

Explora Cuales son los Actos en Contra de la
Humanidad más Crueles de la Historia

DAN HAMILTON

© **Copyright 2021 – Dan Hamilton - Todos los derechos reservados.**

Este documento está orientado a proporcionar información exacta y confiable con respecto al tema tratado. La publicación se vende con la idea de que el editor no tiene la obligación de prestar servicios oficialmente autorizados o de otro modo calificados. Si es necesario un consejo legal o profesional, se debe consultar con un individuo practicado en la profesión.

- Tomado de una Declaración de Principios que fue aceptada y aprobada por unanimidad por un Comité del Colegio de Abogados de Estados Unidos y un Comité de Editores y Asociaciones.

De ninguna manera es legal reproducir, duplicar o transmitir cualquier parte de este documento en forma electrónica o impresa.

La grabación de esta publicación está estrictamente prohibida y no se permite el almacenamiento de este documento a menos que cuente con el permiso por escrito del editor. Todos los derechos reservados.

La información provista en este documento es considerada veraz y coherente, en el sentido de que cualquier responsabilidad, en términos de falta de atención o de otro tipo, por el uso o abuso de cualquier política, proceso o dirección contenida en el mismo, es responsabilidad absoluta y exclusiva del lector receptor. Bajo ninguna circunstancia se responsabilizará legalmente al editor por cualquier reparación, daño o pérdida monetaria como consecuencia de la información contenida en este documento, ya sea directa o indirectamente.

Los autores respectivos poseen todos los derechos de autor que no pertenecen al editor.

La información contenida en este documento se ofrece únicamente con fines informativos, y es universal como tal. La presentación de la información se realiza sin contrato y sin ningún tipo de garantía endosada.

El uso de marcas comerciales en este documento carece de consentimiento, y la publicación de la marca comercial no tiene ni el permiso ni el respaldo del propietario de la misma.

Todas las marcas comerciales dentro de este libro se usan solo para fines de aclaración y pertenecen a sus propietarios, quienes no están relacionados con este documento.

Índice

Introducción	vii
1. Cartago y Roma	1
2. Genghis Khan: un conquistador mongol	13
3. Tamérlan	25
4. Los Conquistadores: la caída del imperio azteca	37
5. Armenia: el genocidio olvidado	49
6. Stalin: un ex sacerdote asesino	61
7. Adolf Hitler: El Holocausto Nazi	73
8. Plan de Hambre	91
9. Camboya	97
10. La masacre Srebrenica	109
11. De Ruanda a la República Democrática del Congo	119
12. Manelik II: Emperador de Etiopía	127
13. Hambruna kazaja	133
14. El genocidio guatemalteco	139
15. Darfur: ¿El primer genocidio del siglo XXI?	145
Conclusión	151

Introducción

Según el Estatuto de Roma de 1998, el genocidio consiste en cometer actos orientados a destruir total o parcialmente un grupo nacional, étnico, racial o religioso. Los actos que pueden constituir genocidio son matanzas, lesiones graves a la integridad física o mental, someter a las víctimas a unas condiciones que puedan destruirles físicamente, por ejemplo obligándoles a abandonar sus casas o negándoles el alimento, impedir el nacimiento de miembros del grupo a través prácticas como la esterilización forzosa, y trasladar a niños a otro grupo.

El término fue acuñado en 1943 por el abogado judío polaco Raphael Lemki a partir de la palabra griega genos, que significa 'grupo familiar', y el sufijo *-cida o -cidio*, que proviene del latín y significa *'que mata o extermina'*.

Introducción

Este crimen apareció definido por primera vez en el Convenio para la Prevención y Sanción del Delito de Genocidio, que la Asamblea General de la ONU aprobó en 1948. Con su firma, los Estados y organismos de la ONU se comprometieron a sancionar a quienes lo cometieran. Más tarde aparecería tipificado en los estatutos de los tribunales penales internacionales formados en 1993 para la antigua Yugoslavia y en 1994 para Ruanda. Hoy en día la Corte Penal Internacional es el tribunal internacional permanente que juzga el genocidio, entre otros delitos graves, y su definición aparece en el tratado fundacional de la Corte, el Estatuto de Roma.

La definición de genocidio ha sido objeto de críticas, como que no considera como posibles víctimas a grupos políticos o sociales y no incluye actos contra el medioambiente, que pueden afectar directamente a la supervivencia de un grupo étnico. También se ha señalado la ambigüedad de la expresión "destrucción parcial" a la hora de distinguir un genocidio. Más allá de las críticas a la definición, también se considera problemático el uso excesivo de la palabra, ya que puede restarle peso a su significado original.

Existen discrepancias respecto a qué matanzas pasadas pueden considerarse un genocidio.

Sin embargo, existen otras matanzas reconocidas como genocidios en muchos países, como el asesinato masivo de armenios en el Imperio otomano entre 1915 y 1920 y la matanza de la minoría tutsi en Ruanda a manos de los hutus en 1994. El Tribunal Penal Internacional para la Antigua Yugoslavia también consideró un genocidio la masacre de Srebrenica de 1995, cuando tropas serbobosnias asesinaron a unos 8,000 musulmanes en el marco de la guerra de Bosnia. El tribunal condenó por ello a políticos y militares serbobosnios, incluido su comandante en Srebrenica, Ratko Mladić.

Los intereses de líderes sin escrúpulos parecen ser suficientes para que las fuerzas de los Estados destruyen deliberadamente propiedades, ataquen hospitales e iglesias, reparten armas y cometan saqueos generalizados, dejando ciudades abandonadas y centenares de muertos, así señala la Amnistía Internacional, organización que tiene desde diciembre de 2013 investigando los crímenes de guerra y crímenes de lesa humanidad que continúan cometiéndose.

En este sentido, existe un factor común entre todas estas atrocidades, pues el discurso de odio representa en los distintos episodios la acción comunicativa que tuvo como objetivo promover y alimentar un dogma basado en el miedo, el rencor, la intolerancia y hasta el resentimiento con connotaciones discriminatorias, cuya finalidad es atentar contra la dignidad y vida de un grupo de personas.

Aunque el genocidio puede haber ocurrido desde los primeros tiempos de la humanidad, es probable que se haya vuelto más común después de que nuestros antepasados renunciaron a su estilo de vida nómada por la agricultura. Estar asentado en un lugar significaba que las comunidades identificaban un lugar en particular como suyo. Se pudieron acumular más posesiones y la identidad ancestral se volvió más importante a medida que la tierra y la propiedad se transmitían por líneas heredadas.

La guerra entre tribus comenzó a intensificarse a medida que aumentaban los recursos disponibles para proteger y robar. Algunas de las primeras cuentas escritas contienen descripciones de lo que ahora se llamaría "masacres genocidas". Muchos textos religiosos antiguos contienen exhortaciones para destruir al enemigo. En el Antiguo Testamento, el Libro de Deuteronomio enumera varias tribus seguidas por la orden de herirlas y destruirlas por completo tu ojo no tendrá piedad de ellas. En 612 a. C., los babilonios sitiaron la ciudad de Nínive durante dos meses antes de romper las murallas y matar a todos los habitantes, cuyas cabezas cortadas se exhibían en la entrada. La ciudad quedó reducida a escombros.

Introducción

En la Antigua Grecia, el estado espartano era particularmente despiadado. Cuando invadieron Laconia, esclavizaron a los habitantes indígenas, conocidos como ilotas.

Lejos de ser considerado un crimen, el asesinato de un ilota se convirtió en un rito de iniciación para los jóvenes espartanos. Hitler elogió al estado espartano como modelo a seguir para el Tercer Reich. Incluso el Imperio ateniense, considerado como un ideal temprano de razón y democracia, utilizó el asesinato en masa como un medio para mantener a sus súbditos en orden.

A lo largo de la historia, el genocidio se ha utilizado como un método para erradicar a un enemigo y afirmar la autoridad: la solución final de un rival por los recursos o un usurpador potencial del poder. Durante el siglo XX en particular, el nacionalismo se utilizó a menudo como un medio para lograr un fin, en lugar de ser la causa inicial de la violencia. Ha sido una poderosa herramienta política para políticos amorales. Hay muchos ejemplos de líderes que suscitan sentimientos nacionalistas para fortalecer su posición. Tanto Ruanda como Bosnia muestran cómo los poderosos pueden incitar al nacionalismo a apuntalar su propio estatus.

Las tensiones a menudo existen entre grupos vecinos de personas y pueden causar actos de violencia ocasionales.

Sin embargo, se necesita una campaña consciente y concertada de propaganda nacionalista para incitar a la población a cometer o tolerar asesinatos en masa. La propaganda a menudo afirma que el enemigo es todo menos humano, degenerado y corruptor. Si este es el caso, su aniquilación se vuelve aceptable en lugar de criminal. Es imposible para nosotros saber si Cortés realmente creía que los aztecas eran infrahumanos o si esto era una mentira conveniente. Era un argumento común sobre los nativos americanos y los aborígenes australianos, junto con muchos otros pueblos indígenas que vivían en tierras deseables.

Es cuestionable si alguna nación tiene más probabilidades de cometer genocidio: las circunstancias a menudo parecen importar más que las características nacionales.

Pocas naciones que han construido un imperio pueden reclamar un historial limpio con respecto a las masacres, pero la violencia a menudo ocurre en ambos lados.

Algunos colonizadores británicos cometieron asesinatos en masa de grupos de nativos americanos y algunos nativos americanos masacraron a grupos de colonos europeos. A veces, la gente indígena uniría fuerzas con los invasores para aniquilar a sus enemigos, como en la conquista de Cortés de los aztecas.

Introducción

Según un historiador norteamericano, un líder aborigen en Australia pidió a las fuerzas británicas que acabaran con una tribu vecina, pero en este caso, los invasores no cumplieron. Aunque la imagen de los imperialistas europeos masacrando a los indígenas es familiar, no es la imagen completa. Los europeos se han masacrado entre sí y los no europeos también han cometido genocidio contra sus vecinos. Parecería ser un rasgo humano universal como lo es la compulsión por poner fin a la violencia. En ocasiones, las víctimas también son agresores y viceversa, según las circunstancias. Aunque muchos grupos han sido a la vez víctimas y perpetradores en su historia, algunas comunidades parecen haber sido blanco de ataques más que la mayoría. El pueblo judío ha sido víctima de persecución desde la época romana. Ser una población desplazada los hace más vulnerables a los ataques nacionalistas. Cuanto más son perseguidos, más a menudo son desplazados. Por tanto, el genocidio puede desencadenar un círculo vicioso. Los gitanos también han sufrido repetidos ataques desde su diáspora.

El genocidio puede haber sido más común en el mundo antiguo, pero el siglo XX ha sido testigo de algunos de los asesinatos en masa más grandes hasta la fecha, ya que la tecnología se ha utilizado de manera sombría mejorando la eficiencia de los asesinos.

Introducción

Fue el siglo que vio el surgimiento del genocidio causado por la ideología; sin embargo, el siglo XX también vio los primeros intentos internacionales para prevenir este crimen de lesa humanidad. Un profesor de psicología en la Universidad de Harvard, afirmó recientemente que los tiempos actuales son los menos violentos en la historia de la humanidad. Puede ser difícil de creer cuando tantos millones fueron asesinados en un siglo, pero él sostiene que es menos probable que suframos una muerte violenta que en cualquier otro momento de la historia. Los estudios sobre genocidio se han convertido en un tema académico y se han establecido instituciones para advertir sobre posibles masacres genocidas. Sin embargo, el problema está lejos de resolverse. La comunidad internacional ha reprochado a la comunidad por moverse con demasiada lentitud en algunos casos y la masacre de Srebrenica se produjo a pesar de la presencia de una fuerza de mantenimiento de la paz de la ONU.

Estas masacres son tan catastróficas que a menudo dejan heridas supurantes en ambos lados. En 2010, el Congreso de Estados Unidos utilizó el término genocidio en relación con las masacres armenias. Esto llevó al gobierno turco a retirar a su embajador de Washington. Incluso un siglo después, el tema puede provocar reacciones violentas en ambos lados de la división. La violencia genocida en un área puede extenderse a regiones vecinas y desestabilizar un área entera, como en partes de África.

Introducción

Los eventos elegidos para su inclusión en este libro no pretenden ser una lista completa; lamentablemente, tal compendio sería demasiado grande. Más bien, han sido seleccionados para dar una sugerencia de los sucesos generales geográficos y cronológicos de genocidio.

1

Cartago y Roma

Una de las mayores potencias del Mediterráneo durante la antigüedad fue gobernada desde la ciudad-estado de Cartago en la costa norteafricana (actual noreste de Túnez). La ciudad fue fundada alrededor del 800 a. C. por los fenicios, un pueblo del Levante en el Medio Oriente. Hacia el siglo III a. C., se había convertido en el imperio más rico del mundo.

La ciudad de Cartago era famosa por su magnificencia, llena de edificios altos y opulentos dispuestos a lo largo de un sistema de cuadrículas de calles. Los fenicios eran marineros expertos con una flota superior a cualquier otra del Mediterráneo.

. . .

Sumado a esto, Cartago controlaba el oeste de Sicilia, Cerdeña, el sur de España y una gran parte de la costa norteafricana. Estos territorios les dieron el dominio sobre importantes rutas marítimas, como el estrecho de Gibraltar, crucial para el comercio en el Mediterráneo occidental. La ciudad les proporcionó una excelente base estratégica para el comercio, que incluía el comercio de metales preciosos, ricos tintes y animales salvajes del interior de África.

La enemistad con Cartago parece haber estado arraigada en la psique romana, incluso apareciendo en los mitos fundacionales de los romanos. En términos prácticos, Cartago fue el mayor obstáculo para la supremacía romana en el Mediterráneo. Las ambiciones imperiales de Roma las pusieron repetidamente en conflicto con el poder más antiguo y establecido. La primera gran guerra entre los dos estalló en Sicilia, en el 264 a. C. Esta primera Guerra Púnica duró 20 años con ambos bandos luchando por ganar la superioridad. Los romanos carecían de la capacidad naval para tomar el control de Sicilia, por lo que cuando un barco cartaginés encalló en el sur de Italia, los romanos aprovecharon la oportunidad para estudiar e incluso mejorar su diseño. Según la antigua Roma de Simon Barker, en tan solo 12 meses produjeron 100 nuevos buques de guerra, superiores al modelo cartaginés y su primera victoria naval.

Tras la captura de Sicilia, los romanos también tomaron Cerdeña y Córcega de Cartago. Hacia el 241 a. C., Roma dominaba las aguas del Mediterráneo.

La Segunda Guerra Púnica

La Segunda Guerra Púnica (218-201 a. C.) fue el escenario del legendario viaje de Aníbal a través de los Alpes hasta Italia. Comenzando con un ejército de 80,000, que incluía a sus poderosos elefantes de guerra, Aníbal, de 27 años, llevó la batalla directamente a los portales de Roma, arrasando con su oposición a lo largo de la ruta. Aníbal es considerado uno de los generales más brillantes de la historia, pero Roma también tenía algunos buenos estrategas militares, incluido Publio Cornelio Escipión. Escipión expulsó a los cartagineses del sur de España y dirigió su atención hacia el norte de África. Al darse cuenta de que su propia ciudad ahora se enfrentaba al ataque de las fuerzas romanas, Cartago llamó urgentemente a Aníbal.

Esta vez, los romanos habían aprendido sus lecciones.

Habían encontrado estrategias para lidiar con los temidos elefantes de guerra de Aníbal y sabían sus artimañas.

Donde el resultado de la primera guerra había sido indeciso, la segunda guerra púnica fue una clara victoria romana. Durante la campaña de Aníbal, a menudo parecía que el nuevo y advenedizo imperio estaba siendo destruido por la antigua autoridad. Ahora, Roma emergió como el poder supremo. Se apoderó de la armada cartaginesa, sus elefantes y gran parte de su riqueza. Escipión fue apodado "Africano" en honor a su gran victoria.

Roma luego atacó Cartago en la tercera y última Guerra Púnica (149-146 a. C.).

La Tercera Guerra Púnica

Las opiniones en el Senado estaban divididas sobre el curso de acción correcto. Catón el Viejo estaba convencido de que Cartago seguía siendo una amenaza para Roma y la única solución era su completa destrucción.

Para llevar esto a casa, concluyó cada discurso con el lema, "Cartago debe ser destruida", pero otro senador respondía con la frase "Cartago debe ser perdonada".

. . .

Esta facción creía que la existencia continua de Cartago era más beneficioso para Roma, actuando como un contrapeso a su propio poder y evitando que degeneraran en decadencia y libertinaje. Muchos se sintieron incómodos de que las conquistas de Roma hubieran sido motivadas por la codicia en lugar de proteger la patria.

Los romanos tenían mucha práctica en el arte de la propaganda. Los residentes de Cartago fueron descritos como afeminados y decadentes, denigrados por su amor al comercio y acusados de practicar el sacrificio de niños.

Retratar al enemigo como subhumano es un tema recurrente en la propaganda del genocidio. Si un grupo es malvado y degenerado, su aniquilación es un acto de rectitud moral. Si no son mejores que los animales o las plagas comunes, sus muertes son simplemente un acto de exterminio, no de asesinato. Finalmente, quizás, el recuerdo de Aníbal a las puertas de Roma era un espectro demasiado poderoso y los belicistas ganaron. Los romanos inventaron excusas para atacar la ciudad, probablemente manipulando a Cartago para que rompiera el tratado acordado después de la Segunda Guerra Púnica.

. . .

Roma puede haber incitado a los ataques de los númidas, un reino rival del norte de África. Cuando Cartago tomó represalias, fueron acusados de violar el tratado de paz una vez más.

Se enviaron diplomáticos a Roma para abogar por la paz.

La primera estipulación fue que 300 hijos de las mejores familias se entregarían a Roma, robando así a Cartago de su próxima generación de élite. Sólo después de que este convoy se hubiera embarcado para Roma el cónsul hizo una segunda exigencia: también debían entregar su arsenal y sus armas. Una vez más, Cartago capituló, creyendo que tenían pocas opciones. Entonces, los romanos dieron su golpe final: se concedería la paz con la condición de que toda la ciudad se trasladara diez millas tierra adentro. Esta demanda final habría significado la destrucción de la ciudad por sus propias manos. Sus embajadores se dieron cuenta con creciente horror de que los romanos nunca pretendieron la paz, pero los habían engañado para que abandonaran a sus mejores jóvenes, sus armas y su arsenal cuando más los necesitarían. Una vez más, se encontraron en guerra con Roma.

. . .

A pesar del debilitado estado de Cartago, la guerra se estancó en un punto muerto. A muchos en Roma les preocupaba que esto pudiera ser un castigo por su comportamiento deshonroso: ¿cómo podían los dioses favorecerlos cuando se habían comportado de manera tan vergonzosa? La respuesta del Senador fue encontrar un nuevo héroe: su nombre era Scipio Aemilianus. Este era el nieto adoptivo de Escipión Africano y descendiente de héroes de batallas pasadas contra Cartago y Macedonia.

No solo venía de una familia adecuada, sino que ya había demostrado su valía en el campo de batalla. Al unirse a las fuerzas agrupadas en el norte de África, Escipión inmediatamente puso al ejército en forma, restableciendo la disciplina y devolviendo el foco a Cartago al cesar todas las escaramuzas ajenas. En el verano del 147 a. C., su ejército rodeó la ciudad, aislándola efectivamente del mundo exterior y de cualquier posibilidad de ayuda. Los accesos terrestres fueron bloqueados con movimientos de tierra y el puerto de la ciudad se detuvo con 15,000 metros cúbicos de rocas con máquinas de asedio colocadas en la parte superior. Con la ciudad completamente aislada, las fuerzas romanas podrían centrar su atención en sofocar cualquier resistencia en el área circundante. En la primavera siguiente (146 a. C.) y con nuevos reclutas, pudieron concentrarse una vez más en la ciudad de Cartago.

Sus habitantes habían pasado ahora varios meses aislados del mundo exterior, sobreviviendo sólo con los recursos que podían reunir dentro de sus fronteras.

Cuando los romanos finalmente atacaron las murallas de la ciudad, levantando andamios y disparando máquinas de asedio contra ellos, 30,000 cartagineses lanzaron una lluvia de lanzas, flechas y redes pesadas sobre sus atacantes. Cuando finalmente llegaron a la cima de las murallas, los romanos se encontraron con su enemigo de frente.

Durante seis días y noches agotadoras, los romanos lucharon cara a cara con los cartagineses. Los invasores avanzaron lento y sangriento por la ciudad, casa por casa, matando a todos a su paso, resistieran o no. En su Historia de Roma, Appian describe los "gemidos, chillidos, gritos y todo tipo de agonías." Los cartagineses desesperados treparon a las cimas de los edificios más altos, muchos de seis pisos de altura y arrojaron misiles sobre los invasores, por lo que los romanos los persiguieron hasta los tejados. La batalla avanzó por dos caminos, uno a nivel de calle y otro arriba. Luego, los romanos quemaron sistemáticamente calles enteras para frustrar el bombardeo desde arriba y expulsar a los habitantes ocultos.

. . .

Un escuadrón romano de 'limpieza' siguió a la primera ola de soldados, limpiando a los muertos y heridos en las trincheras, junto con los escombros, para abrir un camino para que la caballería cargara en el corazón de la ciudad.

Esta era una guerra que se ve con más frecuencia en el campo de batalla abierto, transpuesta a calles y casas. No era solo soldado contra soldado, sino soldados contra mujeres y niños, ancianos y enfermos; gente corriente incapaz de defenderse contra una máquina de matar eficiente y despiadada. Los habitantes tuvieron poco respiro del ataque, pero los romanos rotaron sus tropas dándoles la oportunidad de descansar y regresar a la masacre con toda su fuerza. Los escuadrones de la muerte romanos eran tan minuciosos que se informó que incluso cortaron a los perros en dos y, al séptimo día, 50,000 cartagineses se rindieron. Los romanos avanzaron hacia las partes más altas y fortificadas de la ciudad, donde la resistencia restante de 900 se había retirado. Los invasores rodearon el área, obligando a los habitantes a subir al techo de un templo. Cuando los romanos prendieron fuego a la base del edificio, los últimos hombres, mujeres y niños de la ciudad se rindieron ellos mismos hasta la muerte al sumergirse en los fuegos de abajo.

. . .

Del millón de habitantes de la ciudad, sólo sobrevivieron los 50,000 que se rindieron. Todos fueron vendidos como esclavos. Lo mejor del tesoro de la ciudad se envió a Roma y el resto se dividió entre los soldados romanos. Los aliados de Cartago en los alrededores también fueron aniquilados. Roma envió un mensaje de que no debía quedar ningún rastro de su enemigo, por lo que la ciudad fue quemada durante 10 días y las ruinas carbonizadas, desmanteladas, piedra por piedra, hasta que Cartago desapareció por completo.

El historiador griego Polibio había acompañado a Emiliano en esta campaña. Describió la escena final en la que el general romano estaba de pie en una colina de enfrente, mirando el humo que se elevaba desde la ciudad en ruinas, seguro de saber que había destruido por completo a su enemigo. Polibio cuenta que, en lugar de mostrar placer, su patrón lloró y recitó un pasaje de la Ilíada de Homero sobre la caída de Troya. El historiador desconcertado le preguntó qué quería decir. Emiliano explicó que así como la una vez gran Troya fue destruida, ahora Cartago y, un día, también su amada Roma, colapsaría. Poderosos imperios surgen y también caen y en la destrucción de Cartago, muchos romanos vieron la profecía de su propia desaparición.

. . .

En el primer libro de Adolf Hitler escribió que consideraba al Imperio Romano: el mejor mentor, probablemente de todos los tiempos. Puede que haya fallado, no obstante, para escuchar las advertencias de destrucción que muchos romanos entendieron en medio de sus victorias.

2

Genghis Khan: un conquistador mongol

Genghis Khan, el conquistador mongol, creó uno de los imperios contiguos más grandes que ha conocido el mundo. Aunque en las naciones europeas y musulmanas su nombre se ha convertido en sinónimo de tiranos sedientos de sangre, para muchos en Mongolia es un venerado e incluso una figura sagrada que unió a las tribus mongolas y fundó una dinastía china.

La formación de un Khan

Cuando Temujin nació en 1162, se dijo que emergió con un coágulo de sangre en la mano derecha. Esto se consideró la señal segura de un líder despiadado y así resultó ser.

Como todos los mongoles, el niño aprendió a montar a los cuatro años y pasó gran parte de su vida a caballo, pastoreando ovejas por las vastas praderas de la estepa. El niño Temujin habría matado ovejas abriéndolas y deteniendo sus corazones simplemente con su mano. Los mongoles estaban orgullosos de su forma nómada de vida, sin más que desprecio por los agricultores y su falta de libertad.

Gran parte de la historia de su vida está registrada en una de las epopeyas mongol. Cuenta cómo el futuro Genghis Khan era hijo de un cacique menor, que pudo haber sido asesinado por los tártaros cuando el niño tenía solo ocho años. Cualquiera que sea la causa de su muerte, la muerte del padre sumió a la familia de seis hijos en graves dificultades. Abandonada por su familia extendida, la madre de Temujin luchó desesperadamente por mantener con vida a sus hijos. Arrancaban la tierra en busca de raíces comestibles y buscaban frutas y bayas de la naturaleza.

Los niños aprendieron a pescar y cazar marmotas y otros animales pequeños y también pájaros. Sobreviviendo en las duras condiciones de la estepa sin su red tribal, Temujin y su familia demostraron su resistencia.

. . .

Poco a poco, su familia acumuló nueve caballos y un pequeño rebaño de ovejas: lo suficiente para satisfacer sus necesidades.

Cuando dejó de ser un niño

A la edad de 13 años, la epopeya nos dice que Temujin cometió su primer asesinato. Se había peleado con uno de sus medios hermanos en una disputa trivial y lo había matado, no en el calor del momento, sino más tarde, a sangre fría, con un arco y una flecha. Había otros cuentos que mostraban el carácter del futuro conquistador.

Cuando los ladrones entraron en su campamento y robaron ocho de los caballos, Temujin cabalgó en persecución de ellos en el monte restante. Se detuvo en la tienda de un extraño para preguntarle si habían visto al grupo robado y entabló amistad con uno de los hijos de la familia, un niño llamado Bo'orchu, quien impetuosamente decidió unirse a él. Los dos muchachos cabalgaron durante tres días antes de encontrar a los ladrones, corrieron hacia la manada, recuperaron los caballos de Temujin y escaparon nuevamente. Temujin nunca olvidó la bondad del joven y más tarde lo nombraría general de su ejército.

Cuando cumplió 16 años, Temujin fue a buscar a la niña a la que le habían prometido en matrimonio poco antes de la muerte de su padre. Su prometido estaba bien situado socialmente, con una dote considerable, y la boda elevó considerablemente el estatus de Temujin. Ahora tenía su propia familia así como un número creciente de clanes relacionados en los que confiar. Convocó a Bo'orchu para que fuera su mano derecha y llamó a los viejos aliados de su padre y sus propios hermanos de sangre de la infancia. Este fue el comienzo de la unificación de las tribus mongolas dispersas bajo un liderazgo fuerte. Su reputación creció entre los clanes mongoles, tanto por su lealtad a sus aliados como por su crueldad hacia sus enemigos. Su principal rival por el control era su antiguo hermano de sangre separado, Jamukha, que al principio lo acompañó, pero luego lideró una coalición de tribus en su contra. En 1204 Temujin finalmente lo derrotó en una batalla épica y cuando su antiguo amigo fue capturado, le concedió una forma de ejecución considerada noble por los mongoles.

El Imperio mongol se levanta

En 1206, una asamblea nacional proclamó a Temujin líder de la nación y lo apodó Genghis Khan. Existe cierto debate sobre el significado exacto de 'Genghis', pero puede ser 'Oceánico' o 'Gobernante celestial'. En cualquier caso, es un título nunca conferido a nadie, antes o después. En el pasado, la fuerza de los mongoles se había diluido por las continuas rivalidades entre tribus, pero una vez unida por un líder poderoso, esta nueva nación conquistaría una vasta franja de territorio. Como señala el experto en Genghis Khan, el Khan se dio cuenta de que su ejército montado podía viajar tan lejos como corría la hierba, y corrió un largo, muy largo camino, a través de Asia. Al llegar a una ciudad enemiga, Genghis Khan ofreció a los habitantes una opción simple: rendirse o morir. Aquellos que se rindieran serían tomados bajo su protección y muchos le pagaron su lealtad. Aquellos que eligieran luchar serían aniquilados sin piedad. La reputación de Genghis como un monstruo pasó por alto su aparente interés en la motivación psicológica de sus enemigos, su uso de una extensa red de espías y la velocidad con la que fue capaz de adoptar nuevas técnicas de sus enemigos. Todos estos factores sugieren un hombre avanzado y muy inteligente. Se aseguró de que sus subordinados aprendieran a leer y escribir y abrió rutas comerciales de este a oeste. En lugar de estar sediento de sangre, parece haber estado concentrado intensamente en su objetivo; renuente a dejar que el sentimiento se interponga en su camino. Parece que no ha matado por placer, sino por un propósito, por extremo que pueda parecernos ahora. Sin embargo, esta crueldad puede haber dado lugar a un genocidio.

La mudanza a China

Cuando Genghis Khan penetró en China, la naturaleza de sus conquistas tomó un giro más escalofriante. Aunque no estaban acostumbrados a la guerra de asedio, los mongoles conquistaron ciudad tras ciudad hasta que llegaron a Beijing, gobernada por los Jin del norte de China. A medida que las fuerzas mongoles se abrían camino hacia las profundidades de la región, devastando a miles de soldados Jin, saquearon la comida y otros recursos para sí mismos. Sus acciones exacerbaron problemas que ya estaban debilitando la región, y mucha de la población murió de hambre. La capital de Jin, Beijing, estalló en un caos político, pero sus defensas permanecieron inexpugnables. Los túneles permitieron el suministro de alimentos a la ciudad y los arqueros de largo alcance defendieron el área circundante.

Los mongoles atacaron ciudades y pueblos vecinos y se mantuvieron firmes. Finalmente, abandonados por sus líderes y reducidos al canibalismo, los habitantes se rindieron. Cuando finalmente abrieron las puertas, las hordas mongoles irrumpieron en la ciudad y tomaron una terrible venganza, matando a miles de habitantes, saqueando e incendiando los edificios, algunos de los cuales ardieron durante un mes.

Persistía el rumor de que 60,000 mujeres jóvenes se arrojaron desde las murallas de la ciudad en lugar de caer en manos de los mongoles. Meses después, un visitante de la zona informó haber visto montañas de huesos humanos. Montones de cadáveres en descomposición contaminaron el área con enfermedades y el suelo se volvió grasoso con la grasa que goteaba de los cuerpos.

Los líderes de Jin huyeron a Manchuria y establecieron una nueva capital allí. Con su habitual determinación, Genghis Khan fue tras ellos y pronto Manchuria también estuvo bajo el control de los mongoles, aunque pasarían otros 20 años de feroces luchas antes de que los Jin fueran completamente derrotados. La mayor parte de Manchuria capituló fácilmente ante los mongoles, pero dos ciudades resistieron. En venganza y como lección para los demás, el general de Genghis Khan decretó que todos los habitantes debían ser sacrificados, con excepción de los útiles para los mongoles. Solo perdonaron a los albañiles, carpinteros y actores.

El Holocausto musulmán

Aunque la conquista de China vio la destrucción de ciudades enteras, tal vez todavía sea cuestionable si nada de esto fue genocidio. Sin embargo, la campaña más sangrienta, y la que quizás selló la reputación de los mongoles en el mundo islámico, fue de otro orden que las masacres anteriores. Aunque se lo conoce como el Holocausto musulmán, no fue motivado por el odio al Islam, sino por la determinación de Genghis Khan de cumplir su destino. El Khan incluyó a musulmanes en su círculo íntimo y no mostró enemistad con ellos como grupo. En lo que a él respectaba, todos los no mongoles eran inferiores, pero esto no requería su destrucción.

La región medieval de Khwarezm cubre los actuales Uzbekistán y Turkmenistán, así como partes de Irán y Afganistán. Tenía una importancia estratégica y abundantes recursos y estaba gobernado por Shah Mohammed, una figura cruel, impetuosa y moralmente corrupta.

Inicialmente, Genghis Khan trató de establecer vínculos comerciales, pero el Shah sospechaba de sus verdaderos motivos, ya que conocía demasiado bien las conquistas mongolas anteriores. En un intento de forjar vínculos comerciales, Genghis Khan envió una delegación de entre 100 y 450 musulmanes a la región. Fueron arrestados de inmediato como espías por uno de los familiares del Sha.

. . .

Intentando una vez más la diplomacia, el Khan envió a tres enviados para pedirle al Sha que entregara al familiar que lo había insultado tan gravemente. Esta era la oportunidad del Sha para redimirse, pero eligió cimentar su destino y el de su pueblo; inmediatamente hizo que mataran a los tres enviados, seguidos por toda la delegación comercial del Khan.

El insulto final

Cuando Genghis Khan recibió la noticia, se enfureció. Esto fue un insulto directo para él y una invitación a la guerra. Esta vez, estaba motivado por la pasión, más que por el propósito de la sangre fría y supervisó personalmente los detalles de la campaña. En 1219, se enviaron hasta 150,000 soldados al oeste con caballos, camellos y armas de asedio. A medida que avanzaban, algunos civiles conquistados se unieron a su ejército, pero otros fueron tomados como esclavos y carne de cañón. Las ciudades que resistieron pagaron mucho por su desafío.

La gran ciudad de Urgench estuvo sitiada durante cinco meses antes de caer.

. . .

Repitiendo el patrón visto en otras tierras conquistadas, los mongoles sacaron a los habitantes que les eran útiles y mataron a todos los demás; según algunos informes, hasta 1,2 millones de habitantes. Nishapur resistió y recibió este tratamiento. Herat se rindió y los civiles se salvaron.

En 1221, el gigante mongol alcanzó la ciudad de Merv, una vez la casa de Omar Khayyam. Esta enorme ciudad albergaba las bibliotecas más importantes de Asia Central, así como hermosas mezquitas y palacios. Los líderes de la ciudad inicialmente estaban confiados y ejecutaron a 60 mongoles capturados, un insulto que no quedaría sin respuesta por parte el Khan. Finalmente, la ciudad se rindió y abrió sus puertas al ejército mongol.

Esta vez, no habría indulgencia. Los mongoles saquearon las riquezas y quemaron las preciosas bibliotecas. Un informe contemporáneo afirmó que 400 artesanos fueron llevados al redil de los mongoles, pero que todos los demás habitantes fueron asesinados. El asesinato de hasta 1,3 millones de personas no fue un esfuerzo menor, por lo que en un proceso escalofriantemente metódico, se asignaron entre 300 y 400 personas, cada una para un soldado mongol para ser ejecutado. Como señala John Man, los mongoles sacrificaron a los seres humanos de la misma manera práctica que lo hicieron con las ovejas.

Genghis Khan se había vengado de Shah Mohammed, quien murió huyendo de los ejércitos mongoles. En el proceso, también fue responsable de la muerte de hasta 2,5 millones de personas. Es posible que las cifras hayan sido exageradas, pero incluso las estimaciones más conservadoras sitúan el número de muertos en 1,25 millones. Al igual que Cartago, aunque alguna vez fue una gran ciudad, quedó reducida a escombros, y su antigua magnificencia sólo era visible para los arqueólogos dispuestos a excavar bajo la tierra.

3

Tamérlan

A Tamerlán se le da por nacido en Kesh, Transoxiana, 9 de abril de 1336. Otrar, de camino a China, 17 de febrero de 1405 fue un conquistador, líder militar y político turco-mongol, el último de los grandes conquistadores nómadas del Asia Central.

En poco más de dos décadas, este noble musulmán de origen turco y mongol conquistó ocho millones de kilómetros cuadrados de Eurasia. Entre 1382 y 1405 sus grandes ejércitos cruzaron el continente euroasiático desde Delhi hasta Moscú, desde la cordillera Tian Shan del Asia Central hasta los montes Tauro de Anatolia, conquistando, reconquistando, arrasando algunas ciudades y perdonando a otras.

. . .

Su fama se extendió por Europa, donde durante siglos fue una figura novelesca y terrorífica. Para algunos pueblos, afectados directamente por sus conquistas, su memoria, siete siglos después, permanece aún fresca, bien como destructor de ciudades del Oriente Medio, bien como el último gran líder del poder nómada.

Según una historiadora asiática, en su correspondencia formal, Tamerlán continuó durante toda su vida presentándose como el restaurador de los derechos chinggisidas.

Justificó sus campañas iraníes, mamelucas y otomanas como una reimposición del control legítimo de los mongoles sobre las tierras tomadas por los usurpadores.

Para legitimar sus conquistas, Tamerlán se basó en los símbolos y el lenguaje islámicos, se refirió a sí mismo como la "Espada del Islam". Fue un mecenas de instituciones educativas y religiosas. Convirtió a casi todos los líderes de Borjigin al Islam durante su vida. Tamerlán derrotó decisivamente a los Caballeros Hospitalarios cristianos en el sitio de Esmirna, llamándose a sí mismo un ghazi.

. . .

Al final de su reinado, Tamerlán había ganado el control completo sobre todos los remanentes del Khanato Chagatai, el Ilkhanato y la Horda Dorada, e incluso intentó restaurar la dinastía Yuan en China.

Los ejércitos de Tamerlán eran multiétnicos y temidos en Asia, África y Europa, partes considerables de las cuales sus campañas arrasaron. Los estudiosos estiman que sus campañas militares causaron la muerte de 17 millones de personas, lo que representa aproximadamente el 5% de la población mundial en ese momento. De todas las áreas que conquistó, Khwarazm fue el que más sufrió con sus expediciones, ya que se levantó varias veces contra él.

Tamerlán fue el abuelo del sultán Timurido, astrónomo y matemático Ulugh Beg, que gobernó Asia Central desde 1411 hasta 1449, y el tatarabuelo de Babur (1483-1530), fundador del Imperio Mogol, que entonces gobernó casi todo el subcontinente indio.

Ascenso al poder

Un proceso de acumulación de poder muy parecido al que siglo y medio atrás había llevado a cabo Gengis Kan le permitió primero (1361) obtener control sobre su tribu, los barlas; y luego (1370), alternativamente en alianza y en conflicto con Amīr Husayn, ganar el poder sobre el ulús Chagatai (la confederación de tribus correspondiente al kanato de los descendientes de Chagatai, segundo hijo de Gengis Kan).

Conformada la base de su poder, inviste como Kan a Soyurghatmish. Cabe notar que Tamerlán no pertenecía a la familia de los descendientes del Gran Kan y la tradición del Imperio mongol, aceptada por todas las tribus nómadas del Asia Central, exigía que sólo los descendientes de Gengis pudieran llevar el título de kan y ejercer la soberanía. Por lo tanto, Tamerlán nunca asumió título real y, a pesar de su enorme poder y la naturaleza autocrática de su control, respetó escrupulosamente esta restricción, usando simplemente el título de amīr (comandante), decorado a veces con los adjetivos buzurg o kalān (grande). Para reforzar su posición, adoptó siempre la pose de un leal sostenedor de la línea gengisida, nombrando kanes títeres y gobernando en su nombre. Posteriormente adquirió el título de güregen (yerno real) al casarse con una princesa de la línea dinástica. De todas maneras, se erigió en pretendido heredero genético de Gengis Kan.

. . .

Consolidado al frente del ulús, emprende su larga serie de conquistas. Entre 1370 y 1372 realiza dos campañas a Mogulistán (territorio al norte de las montañas Tian Shan, entre los lagos Baljash e Issyk-Kul), asegurándose el control del rico valle de Fergana. En los dos años siguientes, emprende una campaña contra la dinastía Sufí de Corasmia. Hasta 1380 se ocuparía principalmente de consolidar su poder en Corasmia (en 1380 destruye por primera vez la ciudad de Urgench) y el Mogulistán. Estas campañas se entremezclan con conflictos casi permanentes con la Horda Blanca y Azul cuyo territorio se extendía al norte del río Sir Daria, provocados en parte porque Tamerlán había dado refugio a Toqtamish, pretendiente del trono de esa horda. En abril de 1381 tomó Herat (actual territorio afgano) y terminó por imponer su poder directo sobre la región a fines de 1383. Continuó hacia el Sur, conquistando Sistan y tomando Kandahar; se regresó hacia el oeste y en 1384-85 la emprende contra Amīr Walī en Mazandarán (sur del mar Caspio, actual Irán): toma Astarabad y emplaza gobernantes adictos en Tabriz y Sultaniyya, para regresar a Samarcanda en 1385.

Grandes Campañas

. . .

En el invierno de 1385-86 su antiguo aliado y protegido Toqtamish asalta y saquea Tabriz. Ello desencadena una campaña de tres años en Irán iniciada en la primavera de 1386, en la que recupera Tabriz. En noviembre de 1387, sus tropas sofocaron una revuelta en Isfahán masacrando a la población. Entretanto, Toqtamish había atacado otra vez el Cáucaso a comienzos de 1387; Tamerlán envió tropas que lo derrotan, tras lo que llevan a cabo luego una campaña contra los Kara Koyunlu, e invaden el Kurdistán. En 1387 Toqtamish atacó y saqueó Transoxiana, por lo que Tamerlán regresó a la región y lo rechazaron más allá de la frontera norte entre el invierno y la primavera de 1388-1389.

Mientras realizó un par de nuevas campañas contra Mogulistán (1389-1390), controlado por Khidr Khwīaja, preparó a sus ejércitos para una ofensiva definitiva contra Toqtamish, quien ahora dirige la Horda Dorada. Invernó en Taskent en 1390, y el 18 de junio de 1391 derrotó a Toqtamish en el río Qundurcha o Jundurcha, al norte de Samara. Asegurado el control de la zona, y habiendo colocado bajo su dominio directo la mayoría de las áreas bajo su influencia en 1391 designó a su nieto Pīr Muhammad Jahāngīr, gobernador de Kabul, para preparar una gran campaña hacia el Sudoeste.

. . .

El 5 de agosto de 1392, cruzó el Oxus (hoy Amú Dariá) para comenzar su campaña de cinco años, donde derrotó a los muzzafaridas en abril de 1393, conquistando Fars y asegurando el control del occidente de Irán. Todos los sobrevivientes de la dinastía Muzzafarida serán ejecutados al poco tiempo. Cuatro meses después tomó Bagdad, derrotando al sultán Ahmad Jalayir. Envió emisarios a los dos dinastías turcomanas de Irán occidental y de Anatolia, los Ak Koyunlu y los Kara Koyunlu, sugiriéndoles que den muestras de sumisión, para luego atacarlos y apoderarse de la mayoría de sus territorios en la región norte del Tigris y el Éufrates.

Mientras las tropas continuaban la campaña en la región mesopotámica, en el invierno de 1395, Toqtamish volvió a atacar en el Cáucaso. Tamerlán organizaba una campaña contra él y lo derrotó en el río Térek el 15 de abril de 1395. Arrasadas las fuerzas de Toqtamish, Tamerlán avanzó hasta Moscú, saqueando durante el trayecto y regresando a través de Darband en la primavera de 1396. La Horda Dorada jamás se recuperó totalmente de este golpe, y Toqtamish, despojado de su trono, dejó de ser una amenaza. Tamerlán regresó lentamente hacia Samarcanda, aprovechando su paso para castigar a gobernantes insubordinados.

. . .

Permaneció un tiempo en Samarcanda recibiendo embajadores extranjeros mientras impulsaba la construcción de palacios y jardines. Pero en la primavera de 1398 emprendió de nuevo la marcha, esta vez hacia la India.

En diciembre de 1398 llegó a Delhi, que fue saqueada e incendiada. Luego de esto, y tras una breve campaña a lo largo del Ganges, regresó a Samarcanda en la primavera de 1399.

Tras una breve estadía en Samarcanda, le llegaron noticias de que Amīrānshāh, gobernador de Irán occidental, se había insubordinado. Así pues, Tamerlán volvió a ponerse en marcha al comienzo del otoño de 1399, para su más larga expedición: la llamada "campaña de los siete años". En el curso de esta campaña, reaseguró el control sobre Georgia, varias veces invadida por su imperio, y recapturó Bagdad (que había sido retomada por Ahmad Jalayir) destruyéndola y masacrando a sus habitantes.

Continuó su ofensiva hacia el Oeste, haciendo campaña en Siria contra los mamelucos y en Anatolia contra los otomanos que habían dado refugio a los Qara Yusuf, de los Kara Koyunlu y a Ahmad Jalayir.

. . .

Esta ofensiva no pareció tener como fin anexar territorios, sino más bien realizar una demostración de fuerza. Por ello, la campaña de Siria fue breve; las tropas timúridas capturaron varias grandes ciudades, como Alepo, Damasco y Himş (actual Homs). Aleppo se sometió sin lucha y fue perdonada, pero Damasco resistió, fue saqueada y sus habitantes masacrados.

En la primavera de 1402, atacó a los otomanos y los derrotó cerca de Ankara, tomando prisionero al sultán Bāyāzīd, aunque fue bien tratado por sus captores, murió pocos meses después. Luego de realizar incursiones por las ciudades anatolias, recogiendo rescates, Timür se da por satisfecho con el golpe propinado a la hegemonía otomana y regresa hacia Samarcanda en la primavera de 1404 sin dejar administración permanente en Anatolia. A su paso por Mazandarán, sofocó una grave rebelión encabezada por su antiguo súbdito Iskandar Shayki.

La Etapa Final

En Samarcanda Tamerlán llevó a cabo un gran kurultái, para justificar la elección de un nuevo Kan títere para suceder a Muhmād Qan.

. . .

Soyurghatmish, fallecido en 1402. A él asistieron numerosas embajadas, incluyendo la de China y la de Ruy González de Clavijo, enviado por Enrique III de Castilla.

Después de unos pocos meses en la capital, comenzó los preparativos para la hazaña más grande: una campaña contra China. Reúne un enorme ejército y grandes cantidades de suministros, y a fines del otoño de 1404 se dirigió a Utrar, donde planeaba invernar. Allí moriría el 19 de enero de 1405 a causa de una enfermedad.

Su cuerpo fue retornado a Samarcanda y enterrado en el mausoleo de Gur-e Amir. Sus restos se encuentran en la cripta, junto a los de su nieto, Ulugh Beg, y otros miembros de su familia. El lugar exacto está marcado por una lápida de grandes dimensiones de nefrita de Mongolia con la siguiente inscripción: Si yo me levantase de mi tumba, el mundo entero temblaría. Un equipo arqueológico soviético encabezado por Mijaíl Guerásimov exhumó su cuerpo el 22 de junio de 1941. Reconstruyendo su esqueleto se halló que, efectivamente, era cojo, singularmente alto y fornido para su tiempo de unos 1,72 m de altura y además se descubrió que era pelirrojo. Los estudios realizados por los soviéticos determinaron que poseía rasgos mezclados de mongoloide y caucasoide.

· · ·

En cuanto a la supuesta maldición que protegía el eterno descanso de Tamerlán, cabe destacar como dato anecdótico que la fecha de su exhumación coincide con el comienzo de la invasión de la URSS por la Alemania nazi.

4

Los Conquistadores: la caída del imperio azteca

EL IMPERIO español del siglo XVI es considerado uno de los primeros grandes imperios del mundo moderno. Hernán Cortés usó cuentos de la Roma Imperial para inspirar a sus soldados y buscó identificarse con los grandes generales romanos y su soberano como César.

Los expansionistas españoles jugaron un juego familiar en términos de propaganda para justificar sus conquistas en el Nuevo Mundo, describiendo a los mesoamericanos como bárbaros y caníbales. Algunos creían que la inferioridad de los indios los convertía en esclavos naturales de los europeos "superiores". Consideraron su conquista contra los indígenas de la zona como una guerra justa, creyendo que su aniquilación había sido sancionada por Dios.

Sin embargo, también se alzaron voces contra el trato inhumano de los habitantes del Nuevo Mundo. Esta facción también citó el ejemplo de Roma, pero esta vez para recordar a sus compatriotas lo que habían sufrido a manos de los romanos.

Este puede ser el primer genocidio en el que podamos leer relatos tanto de los perpetradores como de las víctimas. Cortés escribió actualizaciones periódicas al rey de España, describiendo su progreso y muchos de ellos son sorprendentemente sinceros sobre la violencia que infligió. La conquista española del Nuevo Mundo fue particularmente sangrienta, considerada por algunos historiadores entre los peores holocaustos de la historia de la humanidad. Sin embargo, no fueron solo los españoles los que cometieron tales actos. Dondequiera que las potencias europeas buscaran adquirir tierras recién descubiertas, generalmente se producía un derramamiento de sangre.

Dos imperios

Hernán Cortés fue un político castellano con fama de atrevido.

. . .

A los 33 años, se había aburrido de su vida como terrateniente en Cuba y buscaba la aventura y el éxito en Yucatán. Se rumoreaba que la zona estaba llena de oro y, hasta entonces, se había mostrado resistente a la conquista. En 1519, Cortés navegó a lo largo de la costa de la península de Yucatán, recopilando información sobre su enemigo y reuniendo aliados entre las tribus locales.

El gobernante del imperio azteca fue Moctezuma II, también conocido como Motecezuma o Montezuma. Gobernó sobre una coalición de ciudades-estado, incluida México, la más grande de todas las ciudades de América Central, de la cual todo el país tomó más tarde su nombre. Cuando le llegaron rumores de estos extraños en sus costas, temió que pudieran presagiar la aparición de la mítica figura de Quetzalcóatl, que regresó para reclamar el trono mexicano. Cortés había llegado sin saberlo durante el año azteca de One Reed. Este fue un momento auspicioso en su calendario cíclico de 52 años y uno en el que se profetizó que Quetzalcóatl regresaría.

Los aztecas eran una cultura sofisticada con magníficas ciudades llenas de lujosos edificios, construidos a pesar de la falta de bestias de carga o vehículos con ruedas.

. . .

La ciudad de Tenochtitlán se construyó sobre una serie de canales, lo que llevó a los españoles a llamarla 'otra Venecia'. Era una ciudad limpia, con eliminación eficaz de residuos, baños públicos y una población que se bañaba a diario, a diferencia de los europeos de la época. La ciudad tenía escuelas, comercios y acueductos que les abastecían de agua potable. Debería haber quedado claro para los invasores que no se trataba de salvajes subhumanos, a pesar de su sencilla tecnología. Eran agricultores con complejos sistemas matemáticos y de escritura. Sin embargo, había un lado más oscuro de este imperio. No solo esclavizarían a sus vecinos conquistados, sino que practicaron sacrificios humanos, a menudo matando a un gran número de sus enemigos en ceremonias de sacrificio.

Moctezuma se había ganado muchos enemigos que estarían muy dispuestos a ayudar a los extranjeros en la guerra contra el imperio.

Moctezuma envió gente con obsequios a Cortés en Veracruz. Necesitaba andar con cuidado en caso de que esto realmente fuera el regreso de Quetzalcoatl o uno de sus descendientes.

. . .

Cuentan los relatos aztecas que Cortés recibió con mala voluntad a los mensajeros, encadenándolos, de donde luego escaparon. Según los registros españoles, fueron tratados con amabilidad y se les entregaron obsequios recíprocos. Sea lo que sea, los enviados regresaron a Moctezuma con relatos detallados de la armería española, así como sus caballos y perros: "Sus 'ciervos' los llevan a lomos, y estas bestias son tan altas como un techo. Sus perros son enormes, con orejas planas ondulantes y lenguas largas y colgantes. Estos tienen ojos ardientes y resplandecientes: color amarillo, un amarillo ardiente."

Como era de esperar, se decía que Moctezuma estaba lleno de terror ante estas descripciones de otro mundo.

El comienzo del camino de Cortés

Cortés se trasladó tierra adentro con un ejército de alrededor de 400 de sus propios hombres y varios aliados indios. Su primer encuentro hostil fue con el pueblo otomí de Tecoac. Se enfrentaron a los invasores con resistencia pero fueron completamente aniquilados. A continuación, Cortés entró en la provincia independiente de Tlaxcala.

Esta zona había resistido a los guerreros aztecas pero a pesar de los feroces esfuerzos, no pudo resistir la artillería española. Cortés, según admitió él mismo, no mostró piedad a los civiles. En una carta a Carlos V, describió la quema de varios pueblos, uno de los cuales tenía hasta 3,000 casas. A continuación, atacó dos pueblos sin prender fuego, para no alertar a sus vecinos. En estos, relata cómo los habitantes se sorprendieron tanto que salieron desarmados de sus casas, dijo que las mujeres y los niños corrieron desnudos por las calles y él comenzó a hacerles algún daño.

Finalmente, los tlaxcaltecas se rindieron. Cortés había dominado a sus adversarios amenazándolos con la aniquilación, prometiendo no solo matarlos a todos, sino también destruir su país si no obedecían. La amenaza de genocidio era un medio de sofocar la resistencia y ganar el control y Cortés la había respaldado con suficiente evidencia para hacerlo plausible. El precio de la paz era que 5,000 tlaxcaltecas unieran fuerzas con los conquistadores contra un enemigo común: Moctezuma. El ejército de Cortés se había visto gravemente mermado por la resistencia local y sin más hombres probablemente habría tenido que retirarse.

. . .

Renovado por los nuevos reclutas, Cortés avanzó tierra adentro hasta Cholula. Nuevamente, los conquistadores sorprendieron a los habitantes, que no pudieron defenderse. Cortés cabalgó por las calles, matando a los habitantes y cuando llegaron los tlaxcaltecas, la destrucción se intensificó. Arreglando algunas viejas cuentas, los aliados tribales saquearon y tomaron sus propios prisioneros. Uno de los capitanes de Cortés informó que el general había ordenado a sus fuerzas que se abstuvieran de matar mujeres y niños y muchos escaparon a las colinas. Sin embargo, la matanza duró dos días. Más de 6,000 cholultecas perdieron la vida, quizás hasta 20,000. Un testigo español describió la visión apocalíptica de los soldados españoles, que estaban "chorreando sangre y no caminaban sobre nada más que cadáveres".

Con su temible reputación ante ellos, los españoles y sus aliados avanzaron hacia el hogar de Moctezuma, la gran ciudad de Tenochtitlán. El emperador azteca había intentado frenar el avance español con sobornos de oro y otros lujos, pero su avance fue inexorable. Eventualmente, los dos líderes se encontraron cara a cara y Moctezuma capituló, invitando a Cortés a tomar posesión de sus palacios reales. Los invasores lo hicieron fácilmente, instalándose en la ciudad y disfrutando de sus comodidades, como un jardín zoológico (algo desconocido en Europa en ese momento), grandes pirámides, plazas y mercados.

Los dos líderes incluso se fueron de caza juntos. Durante esta tregua incómoda, las dos civilizaciones aprovecharon la oportunidad para examinarse mutuamente. Al ver representaciones de sus feroces dioses serpiente, los españoles supusieron que los aztecas adoraban a demonios reales y estaban horrorizados por los continuos sacrificios humanos. Cortés intentó convertir a Moctezuma en cristiano, pero los aztecas se negaron a renunciar a sus propios dioses.

Finalmente, los invasores rompieron la ilusión de paz y capturaron a Moctezuma, encarcelándolo en el palacio de su padre. Una banda de rebeldes aztecas afirmó, bajo tortura, que Moctezuma les había ordenado matar a soldados españoles. Como castigo, Cortés hizo que quemaran a los rebeldes en la hoguera en una plaza pública. Esto conmocionó a los aztecas hasta la médula.

Estaban acostumbrados al asesinato público, pero sus víctimas de sacrificio fueron despachadas rápidamente con una espada, no condenadas a una muerte lenta y atroz. Poco después, Moctezuma accedió por completo a las demandas españolas, declarándose siervo del rey Carlos V. Con rienda suelta, los conquistadores saquearon los palacios, haciendo un gran montón del oro que encontraron y prendiendo fuego a todo lo demás.

El incendio destruyó muchos mosaicos de plumas finas e incrustaciones de turquesa, cuyo verdadero valor se perdió para los europeos. Muchas de las joyas y adornos de oro fino se fundieron en lingotes y los tlaxcaltecas tomaron el jade y las esmeraldas que los españoles pasaron por alto.

En un extraño giro de los acontecimientos, las fuerzas españolas rivales llegaron para derrocar a Cortés. Había zarpado sin el consentimiento del gobernador de Cuba y ahora pretendían administrar su castigo. Cortés salió de la ciudad con 250 de sus hombres y viajó a la costa para enfrentarse a este ejército. Aunque se encontró con una fuerza mayor, el astuto Cortés logró derrotar y encarcelar a su rival español. Luego se dedicó a conseguir el ejército enemigo, engañándolos con historias de oro para que se unieran a sus hombres contra los aztecas.

Desastrosamente, el hombre que quedó a cargo de la ciudad fue Pedro de Alvarado. La gente local celebró una fiesta en una de las grandes plazas de la ciudad, evento que había sido sancionado por Cortés antes de salir de la ciudad. Sin embargo, algo salió muy mal durante las celebraciones y Alvarado ordenó a sus soldados que atacaran a las multitudes que celebraban.

. . .

Los soldados cerraron las salidas de la plaza y avanzaron, atravesando a los ocupantes con lanzas y cortándolos con espadas. La multitud no tenía a dónde escapar ni nada para defenderse. Un relato azteca describía la sangre, que corría como agua, como agua viscosa, las entrañas parecían deslizarse por sí mismas. La masacre desencadenó una rebelión entre los aztecas que libraron una guerra de guerrillas urbana y expulsaron a los invasores de su ciudad, a pesar de que Cortés regresó con un ejército recientemente ampliado. Durante las batallas, Moctezuma murió, ya sea apedreado por los aztecas o estrangulado, junto con los otros nobles aztecas, por sus captores.

Se estimó que alrededor de 900 españoles murieron en la batalla por Tenochtitlán, junto con varios miles de sus aliados tlaxcaltecas. Esta sería la mayor pérdida de vidas españolas durante todas sus campañas del Nuevo Mundo, pero también presagiaría el amargo final del imperio azteca.

El Apocalipsis Azteca

El ejército español, que había venido a capturar a Cortés, había traído inconscientemente a otro invasor introducido de contrabando dentro de sus filas.

Este agente mortal se había escondido, en secreto e invisible, entre los soldados. El virus de la viruela era endémico en Europa, muchos europeos eran resistentes a él, pero cuando llegó al Nuevo Mundo, la plaga se extendió desenfrenada. Estalló entre la población de Tenochtitlán poco después de su derrota de los conquistadores. Un fraile español informó que más de la mitad de la población murió, "Ellos murieron en montones, como chinches". La infraestructura del país se derrumbó, por lo que si los aztecas sobrevivían a la viruela, el hambre era lo siguiente en la línea para acabar con ellos. La plaga azotó a la población indígena durante 60 días y finalmente remitió sin desaparecer por completo. Y luego regresaron los españoles.

Una vez más, los aztecas lucharon tenazmente, pero esta vez el ejército de Cortés tomó la ciudad después de 80 días de asedio. Cortés describió la conquista a su rey, "Más de 6,000 de ellos, hombres, mujeres y niños, perecieron ese día". Mientras avanzaban por la ciudad, los invasores derribaron los hermosos edificios y llenaron los canales con piedra; mataron, violaron y esclavizaron a quienquiera que encontraran hasta que todo lo que quedará fueran las grandes pirámides. Los capturados con vida se pusieron a trabajar en la construcción de una nueva ciudad española sobre las ruinas de la antigua.

. . .

Esta ciudad se convertiría en el centro del imperio español en Centroamérica y ahora es la capital de México, Ciudad de México.

En 1528, temiendo que se volviera demasiado poderoso en el Nuevo Mundo, el rey llamó a Cortés a España y lo degradó a capitán general. Cortés luego regresó a México con poderes severamente limitados. Se dispuso a buscar en América Central un estrecho que conectara el Atlántico con el Océano Pacífico; en cambio, él "descubrió" y le puso nombre a California. Desilusionado y resentido, finalmente regresó a España, donde murió en 1547.

Hitler elogiaría más tarde a Cortés como un hombre moderado en comparación con los aztecas crueles y bárbaros. A la llegada de Cortés, la población de México se estimaba en alrededor de 12 millones. Para 1600, había caído a tan solo 1 millón, una caída del 85 por ciento. Aunque muchas muertes fueron provocadas por la epidemia de viruela, miles de guerreros y civiles perecieron en la batalla. El pueblo azteca había sufrido un apocalipsis: sometido a la guerra, la pestilencia, el hambre y la muerte.

5

Armenia: el genocidio olvidado

EL GENOCIDIO A MENUDO ocurre cuando una potencia imperial expande sus territorios. Sin embargo, en el genocidio armenio, un imperio en declive cometió asesinatos en masa cuando a principios del siglo XX el otro poderoso Imperio Otomano se encogió en todos los frentes y sufrió inestabilidad financiera. Muchos historiadores consideran que las masacres son el primer genocidio del siglo XX.

El antiguo reino de Armenia se enorgullecía de ser la primera nación en adoptar el cristianismo como religión oficial. Los armenios habían habitado su parte del Cáucaso durante al menos 3 años, a veces como un estado independiente, pero más a menudo gobernado por cualquier poder vecino dominante.

Durante el siglo XV, Armenia fue absorbida por el Imperio Otomano. Muchos armenios se establecieron en Constantinopla, la capital del imperio, pero la mayoría permaneció en el este de Anatolia entre las tribus nómadas kurdas. Los otomanos eran principalmente musulmanes, al igual que la mayoría de sus súbditos, pero las religiones minoritarias eran toleradas dentro de sus fronteras y permitían cierta independencia. Sin embargo, los armenios pagaban impuestos más altos (tanto a los otomanos y kurdos) y tenían menos derechos legales y políticos. A pesar de estas desigualdades, las comunidades armenias prosperaron. A menudo se les consideraba más ricos y mejor educados, lo que provocó resentimiento entre sus vecinos kurdos. Debido a su religión, se sospechaba que eran desleales al Imperio Otomano y simpatizaban con la vecina Rusia, gobernada por un gobierno cristiano en ese momento.

El sultán sangriento

A medida que el Imperio Otomano se desvanecía a fines del siglo XIX, los armenios lucharon por la igualdad de derechos. Esto atrajo la ira del sultán gobernante Abdul Hamid II, conocido como el 'sultán sangriento'. Le dijo a un periodista en 1890: Pronto asentaré a esos armenios.

. . .

Les daré una caja en la oreja que les hará renunciar a sus ambiciones revolucionarias. Esta caja en la oreja fue la primera de las masacres armenias. En 1894, las fuerzas otomanas compuestas por combatientes militares y civiles comenzaron sus ataques contra los asentamientos armenios en el este de Anatolia. Los aldeanos fueron golpeados con bayoneta y quemados vivos independientemente de su edad o sexo.

Sesenta mujeres buscaron refugio en una iglesia pero fueron violadas y asesinadas. Un funcionario británico registró la destrucción de 25 aldeas con una cifra de muertos de alrededor de 8,000. En 1895, 2,500 mujeres y niños armenios murieron quemados en la catedral de Urfa. Otros 5,000 armenios fueron asesinados en Constantinopla después de manifestaciones que pedían una intervención internacional para detener las masacres.

En 1896, miles de armenios habían sido asesinados, estimado por algunos entre 80,000 y 100,000 personas. Al menos 2,500 comunidades fueron destruidas, alrededor de 50,000 personas escaparon a través de las fronteras y otras 30,000 se escondieron en el bosque. Aproximadamente 7,500 personas se vieron obligadas a convertirse al Islam. Creyendo que los musulmanes eran ahora mayoría, el sultán consideró cerrada la cuestión armenia.

El movimiento de los Jóvenes Turcos

En 1908, el despótico sultán fue derrocado y reemplazado por el Comité de Unión y Progreso (CUP), más comúnmente conocido como los Jóvenes Turcos. Originalmente, el movimiento de los Jóvenes Turcos había sido una mezcla de reformadores, incluidos intelectuales armenios, judíos, griegos y kurdos. Sin embargo, el grupo se dividió a lo largo de líneas nacionalistas y liberales, y el primero tomó la delantera. La CUP era un gobierno comparativamente constitucional y las comunidades armenias inicialmente esperaban beneficiarse de este enfoque más moderno. Sin embargo, pronto quedó claro que los Jóvenes Turcos eran al menos tan nacionalistas como sus predecesores y posiblemente más ansiosos por encontrar una solución final a la cuestión armenia. Pusieron su identidad turca por encima de todo, incluido el Islam. Aunque la religión desempeñaba un papel unificador, su origen étnico era el factor fundamental: buscaban crear un "mundo de lo turco".

La CUP elaboró planes secretos para erradicar a los armenios de su imperio, así como a los griegos y asirios. Su objetivo era restaurar las antiguas glorias del Imperio y consideraron la aniquilación de las minorías étnicas como un medio para lograr este fin.

Los documentos encontrados por las fuerzas británicas al final de la guerra establecen algunas de las políticas de la CUP para los armenios. Un 'plan de diez puntos' incluía un plan para avivar los prejuicios musulmanes. y provocar masacres organizadas para exterminar a todos los hombres menores de 50 años, dejar que las niñas y los niños sean islamizados y matar de manera apropiada a todos los armenios del ejército. En 1909, nuevas fuerzas turcas marcharon sobre Anatolia para sofocar una rebelión anti-CUP de liberales, monárquicos e islamistas. Por razones que no están claras, el ejército unió fuerzas con las autoridades locales y, en cambio, atacó a la comunidad armenia, matando a 25,000 personas. Parece que esta masacre no fue sancionada oficialmente por el estado e inicialmente provocó conmoción entre las autoridades otomanas.

Genocidio

En 1914, el estallido de la Primera Guerra Mundial resultaría desastroso para los armenios. Los turcos se pusieron del lado de las fuerzas alemanas, declarando una *yihad* a cualquier cristiano que no fuera sus aliados. Desde las masacres de finales de la década de 1890, el Imperio Otomano se había reducido aún más en África y en el este y el sur de Europa.

Esto centró la atención turca en Anatolia y convirtió a los armenios en un porcentaje mayor de la población total. Por defecto, se habían convertido en un obstáculo mayor para lograr el "mundo de lo turco". La máquina de propaganda se puso en marcha una vez más para justificar actos de asesinato en masa. Los armenios fueron marcados como el enemigo interior, saboteadores desleales, quintos columnistas y como fomentadores de la revolución en ayuda de Rusia. Para asegurarse de que no ayudaran al enemigo, los armenios fueron deportados del Frente Oriental.

Los armenios conmemoran el 24 de abril de 1915 como el día en que comenzó el genocidio. Entre 50 y 100 intelectuales armenios fueron detenidos y ejecutados por el gobierno. Los armenios que servían en el ejército otomano fueron ejecutados. Hasta un millón de civiles fueron deportados, lo que en la mayoría de los casos significó la muerte. Fueron expulsados de sus hogares bajo amenaza de ejecución y obligados a marchar hacia el desierto de Mesopotamia. Sin comida ni agua, muchos murieron de deshidratación, hambre y agotamiento. A algunos los desnudaron y los obligaron a caminar así hasta que murieron por exposición. Cualquiera que se detuviera recibía un disparo. La deportación se utilizó como medio de exterminio masivo.

. . .

El jefe de policía de Yozgad informó que los armenios de su región habían sido deportados, y que eso estaba destruido. Solo 88 de los 1,800 armenios que vivían en este pueblo escaparon a la expulsión.

Los Jóvenes Turcos persiguieron implacablemente la aniquilación total de su enemigo. Los que sobrevivieron a la marcha hacia el desierto se enfrentaron a una masacre en su destino. Las memorias del general Halil registraron el asesinato de 300,000 armenios, y agregó: "Me he esforzado por acabar con la nación armenia hasta el último individuo". Uno de sus oficiales testificó que Halil había ordenado el asesinato de hombres, mujeres y niños con algunas víctimas enterradas vivas en zanjas especialmente preparadas. Oficiales alemanes y agregados militares informaron sobre la naturaleza inexorable y despiadada de la misión turca. Algunos armenios fueron enviados a campos de concentración donde murieron de enfermedades, hambre o agotamiento. Alrededor de 300,000 armenios huyeron a través de las fronteras hacia la Armenia rusa; los otomanos los persiguieron e intentaron exterminar a todos los armenios que encontraron allí.

Los Jóvenes Turcos enviaron a 12,000 hombres para hacer frente a los armenios que quedaban atrás.

. . .

Estos escuadrones de la muerte incluían criminales y asesinos convictos, especialmente liberados para ese propósito. Un oficial declaró que el propósito de los escuadrones era "liquidar a los elementos cristianos".

Atravesaron el país, asesinando con impunidad y destruyendo sistemáticamente a todas las comunidades armenias que encontraban; Las familias turcas se apropiaron de casas armenias vacías y propiedades abandonadas. En Constantinopla, los líderes e intelectuales armenios fueron deportados y asesinados. El cónsul de Estados Unidos informó sobre los acontecimientos en la ciudad de Trabzon, donde 3,000 niños armenios habían sido eximidos de la deportación y alojados en lugares vacíos. El secretario local de la CUP les dijo a sus compatriotas que podían llevarse a cualquiera de los niños que quisieran. Se llevó diez, "para su propio placer y diversión de sus amigos". El cónsul describió cuántos niños más fueron cargados en botes, sacados al mar y arrojados por la borda.

No todos los funcionarios otomanos aprobaron los asesinatos. Cuando los gobernadores de dos provincias intentaron eximir a las mujeres solteras, los niños y los enfermos de la deportación, la CUP los rechazó.

. . .

Dos gobernadores provinciales fueron destituidos de sus cargos por negarse a realizar deportaciones y algunos ministros subalternos disidentes fueron asesinados. Se advirtió a los musulmanes que no ayudaran a sus vecinos cristianos. Una proclama decía que cualquier musulmán que se encontrase protegiendo a un armenio sería ahorcado y su casa incendiada.

Después del armisticio

Cuando los otomanos se rindieron en 1918, los Jóvenes Turcos huyeron a sus aliados en Alemania y hubo un respiro en los ataques. Sin embargo, la persecución no terminó. Entre 1920 y 1923, los nacionalistas turcos perpetraron más masacres y expulsiones y, para 1923, se estima que 1,5 millones de armenios habían sido asesinados. Los armenios ahora son considerados uno de los pueblos más desplazados del mundo.

Las primeras advertencias sobre la masacre en desarrollo provinieron de diplomáticos y misioneros británicos y estadounidenses residentes que pudieron eludir las restricciones de noticias del gobierno otomano.

. . .

Sin embargo, envuelta en la lucha contra la Gran Guerra, Europa no se centró en los acontecimientos que se desarrollaban en el Cáucaso. Hubo protestas públicas en Gran Bretaña, Francia, Rusia y Estados Unidos, pero se hizo poco para rescatar a los armenios.

Algunos funcionarios de la CUP fueron acusados después de la guerra. Mehmet Kemal, gobernador de Yozgat en Anatolia, fue ahorcado por asesinatos en masa. El gobernador general y el secretario de la CUP de Trabzon (Cemal Azmi y Nail Bey) fueron condenados a muerte por el asesinato premeditado de armenios. Los principales culpables, sin embargo, se refugiaron en Alemania. El triunvirato gobernante, conocido como los "Tres Pashas" (Talât Pasha, Enver Pasha y Cemal Pasha) fue juzgado, declarado culpable y condenado a muerte en rebeldía.

Turquía aún se niega a reconocer que tuvo lugar un genocidio, a pesar de los relatos de testigos presenciales estadounidenses, rusos, alemanes y árabes, así como los testimonios de sobrevivientes armenios y generales turcos.

Según el gobierno turco, las comunidades armenias eran una fuerza enemiga durante tiempos de guerra y las medidas eran apropiadas y necesarias para proteger a su propia gente. Sostienen que las muertes no fueron premeditadas por las autoridades, pero muchos historiadores y gobiernos extranjeros insisten en que fue una campaña intencional y sistemática para erradicar al pueblo armenio. Los turcos cifraron el número de muertos en 300,000; la estimación armenia es de 1,5 millones.

Sigue siendo ilegal en Turquía discutir las masacres armenias. En 2005, el escritor turco Orhan Pamuk, ganador del Premio Nobel de Literatura, fue procesado por escribir sobre los asesinatos en masa, y los ecos de la violencia resuenan hasta nuestros días. En la década de 1970, militantes armenios atacaron a diplomáticos turcos y el escritor armenio turco Hrant Dink fue asesinado a tiros en 2007 por un nacionalista adolescente. La familia de Dink ha alegado connivencia del Estado en su asesinato, pero los funcionarios no han investigado la evidencia. En marzo de 2010, un panel del Congreso de Estados Unidos votó a favor de reconocer el genocidio. El Parlamento Europeo y una subcomisión de la ONU han reconocido formalmente las masacres como genocidio, junto con al menos 20 países, incluidos Francia, Canadá, Italia y Rusia.

6

Stalin: un ex sacerdote asesino

Las Purgas de Stalin no se ajustan por completo a la definición de genocidio de la ONU, a pesar de que millones fueron asesinados, tal vez incluso superando el número de muertos nazi, y hay abundantes pruebas de que las masacres fueron sistemáticas y sancionadas por el Estado. La diferencia está en la identidad de las víctimas.

Muchos eran judíos, pero muchos otros no. Algunos eran intelectuales, otros eran campesinos. Los opositores al Partido Comunista fueron ejecutados, al igual que sus miembros. En resumen, cualquiera que despertara la paranoia hiperactiva de Josef Stalin se convertiría en un objetivo. Este puede haber sido el primer genocidio en el que la ideología política fue el factor determinante, más que la etnia o la religión.

Sin duda, es un caso que muchos creen que prueba que la definición de la ONU es demasiado limitada.

Los Bolcheviques

Josef Stalin nació en Georgia en 1879, hijo de un zapatero alcohólico. Había estudiado para ser sacerdote en su seminario local, pero fue expulsado. A la edad de 20 años, era políticamente activo en el Partido Obrero Socialdemócrata Ruso y, a través de su activismo revolucionario, fue encarcelado con frecuencia. Fue encarcelado en 1913 y pasó la mayor parte de la Primera Guerra Mundial exiliado en Siberia, regresando en febrero de 1917 durante la Revolución Rusa. Los bolcheviques tomaron el poder del resto del partido en la Revolución de Octubre de ese mismo año. Stalin era un gran admirador de Lenin, el líder bolchevique, y se convirtió en una de las figuras centrales en la creación del nuevo estado socialista de Lenin. Los bolcheviques, que más tarde se rebautizaron a sí mismos como Partido Comunista, creían que una nación debería ser gobernada por un dictador, que gobierna por el bien del proletariado: "revolución desde arriba".

. . .

Rápidamente siguió una guerra civil en 1918, con el Ejército Blanco luchando por el regreso del gobierno zarista y el Ejército Rojo por la revolución. La violencia se intensificó rápidamente en ambos lados de la división política.

Hubo un fuerte apoyo a la revolución en pueblos y ciudades, pero el campo presentó más oposición: la dirección bolchevique se movió con extrema brutalidad contra esta resistencia rural. El campesinado era visto como ignorante y retrógrado, a diferencia del proletariado urbano, cuyos esfuerzos industriales impulsarían al Estado hacia un futuro nuevo y valiente. Uno de los líderes regionales del partido instó a "una política de exterminio masivo". Durante un espacio de unas pocas semanas, 8,000 personas murieron solo en su región.

El Ejército Blanco también fue culpable de masacres y los insurgentes anticomunistas en Ucrania asesinaron a más de 50,000 judíos. La producción de alimentos disminuyó debido a la violencia y la hambruna que se extendió de las zonas rurales a las urbanas. Se estima que alrededor de 800,000 muertes de militares fueron causadas por la guerra civil, pero hasta 8 millones más murieron a causa de la enfermedad y el hambre resultantes. De este crisol violento y sangriento surgió el Partido Comunista.

. . .

A finales de 1920, se impulsó un plan para el control estatal de las tierras agrícolas y ganaderas. Agravada por las malas condiciones ambientales, la política provocó otra hambruna. Esta crisis duraría dos años y se cobraría más de 3 millones de vidas. El Ejército Rojo finalmente ganó la guerra civil en 1922.

En el momento de la muerte de Lenin en 1924, Stalin se había convertido en secretario general del Partido Comunista. Había muchas ramas opuestas dentro del partido: algunas favorecían la consolidación en casa, mientras que otras impulsaban el expansionismo. Algunas secciones presionaron por una nacionalización rápida y radical, mientras que otras abogaron por un enfoque más gradual. La autoridad de Lenin había mantenido unidas a estas facciones, pero en su ausencia, se produjo una lucha por el poder entre la dirección comunista. Se consideraba que León Trotsky, a la izquierda del partido, tenía más probabilidades de suceder a Lenin como líder, pero Stalin lo sacó del poder y, en 1928, lo llevó al exilio.

Habiendo atacado a la izquierda más radical, Stalin se movió contra la derecha conservadora del partido. El siguiente rival en la fila, Nicolai Bukharin, fue eliminado rápidamente.

. . .

Bujarin se refirió a Stalin como "este Genghis Khan que nos destruirá a todos" y, de hecho, Stalin lo destruiría más tarde tras un juicio ficticio.

Stalin instigó el primer Plan Quinquenal en 1928. Este fue un plan para la rápida industrialización de la Unión Soviética, poniendo el control del estado central por encima de las fuerzas del mercado. Se establecieron metas increíblemente altas y no se aceptó el fracaso en su consecución. Stalin alentó la xenofobia y el miedo a la guerra para manipular a la población para que cumpliera con sus esquemas.

Desde la primera Revolución, el Partido Comunista se había sentido obstaculizado por la población rural. Ahora se puso en marcha un plan para su exterminio, conocido como "deskulakización". Kulak era un término ruso que significaba "tacaño" y generalmente se aplicaba a los agricultores más ricos identificados como enemigos de la revolución. Aunque inicialmente habían sido considerados parte del proletariado, ahora fueron declarados enemigos.

La propaganda etiquetó a los campesinos como contrarrevolucionarios, vampiros y opresores.

Los más peligrosos serían liquidados inmediatamente, los demás exiliados. Los escuadrones de deskulakización irrumpieron en el campo en busca del enemigo de clase. Como en Armenia.

El gran terror

A partir de 1935, Stalin se embarcó en una serie de "juicios espectáculo" que reprimirían la oposición política al identificar a los disidentes como enemigos del estado. Al mismo tiempo, se estableció la NKVD (Narodny Komissariat Vnutrennikh Del, o Comisariado del Interior del Pueblo): una fuerza policial de seguridad cuyo mandato era eliminar los elementos dañinos de la sociedad soviética, independientemente de los derechos humanos. Esto implicó limpiar pueblos y ciudades de personas marginadas: kulaks, prostitutas, personas sin hogar y desamparadas. También se emitieron cuotas en este asunto.

La notoria Orden 00447 exigió que 268,950 de estos asociales fueran detenidos. De esta cuota, 75,950 serían fusilados y 193,000 enviados a campos de trabajo. Sin embargo, los números aumentaron a medida que otros grupos de población, como los nacionales polacos, se agregaron a la lista de indeseables.

En el recuento final, el recuento de la Orden 00447 fue de casi 800,000 detenidos, de los cuales casi la mitad fueron ejecutados. Muchas de las cuotas se cumplieron en exceso, duplicando o incluso cuadruplicando las cifras requeridas. Tal era la burocracia del estado soviético.

Esta fue la época de las purgas, que alcanzaría su punto máximo entre 1937 y 1938. Más tarde, tachado de Gran Terror, fue una época de denuncias, detenciones y confesiones bajo tortura. El miedo y la sospecha acecharon a todos los estratos de la sociedad soviética, incluidos los miembros del Partido Comunista. Éstas pueden ser las más difíciles de todas las masacres de Stalin para definir como genocidio, las víctimas provienen de todos los ámbitos de la vida, todas las etnias y creencias políticas. El número de muertos incluyó a unos 1,500 escritores, artistas y científicos. A menudo, toda la familia del acusado también sería arrestada.

Nicolai Yezhov (conocido como 'el enano loco') se hizo cargo de la NKVD en 1936 y llevó a cabo personalmente la tortura de algunos detenidos. Estableció cuotas de detenciones y ejecuciones. La burocracia soviética registró el terrible número de sufrimientos para la posteridad. En 1937 y 1938, la NKVD arrestó a más de 1,5 millones de ciudadanos soviéticos.

De éstos, 681,692 personas fueron ejecutadas y la mayoría del resto exiliadas a los mortales Gulags. Una vez que un individuo había sido identificado como antisoviético, tenía pocas posibilidades de escapar del sistema. Si bien algunos se hicieron públicos como ejemplos, muchos fueron ejecutados en secreto, y sus familiares nunca se enteraron de su verdadero destino. Bajo horrible tortura física y mental, la gente a menudo confesaba cualquier crimen e implicaba a cualquier número de co-conspiradores. Así que la red del terror se extendió exponencialmente. En su apogeo, se ejecutaba hasta 1,700 personas por día. La necesidad de "procesar" esta cantidad de personas provocó innovaciones en los asesinatos en masa. El exjefe de la NKVD, Genrikh Yagoda, diseñó una camioneta especial que podía poner gasolina a grupos enteros a la vez. Las sospechas recaerían más tarde sobre Yezhov y Yagoda y, a finales de la década de 1930, ambos habían sido ejecutados.

Los grupos étnicos rusos fueron tratados de acuerdo con la forma en que el Kremlin los consideraba "prosoviéticos". Las primeras oleadas de ataques étnicos fueron generalmente contra personas de origen no ruso, como coreanos, alemanes y polacos. Su persecución aumentó en el período previo a la Segunda Guerra Mundial.

. . .

Acusados de espionaje y sabotaje, miles de civiles inocentes fueron arrestados, ejecutados o deportados. Estas acusaciones también aumentaron el miedo en la población en general, haciéndolas más dóciles. Incluso los ciudadanos soviéticos con contactos en el extranjero, o que habían vivido en el extranjero, eran sospechosos y con frecuencia eran deportados o fusilados. Aproximadamente 43,000 personas de origen alemán, incluidos desertores del ejército, así como muchos soviéticos con asociaciones alemanas fueron ejecutados. Con la aprobación de Stalin, la NKVD ordenó que los polacos en Rusia fueran "completamente destruidos". Se arrestó a familias enteras; las mujeres enviadas a los Gulags, los niños a los orfanatos de la NKVD y los hombres, por lo general, fusilados. Durante la operación polaca 111,000 fueron ejecutados. El Partido Comunista Polaco fue disuelto y sus líderes deportados o asesinados. Incluso miembros de la NKVD con ascendencia polaca fueron fusilados como agentes enemigos. Las operaciones nacionales cobraron al menos 247,000 vidas. Con el pretexto de mantener la seguridad fronteriza, los coreanos rusos, iraníes, finlandeses y estonios también sufrieron una "limpieza" soviética mediante deportaciones y ejecuciones masivas.

La Guerra con Alemania

. . .

El aumento del poder militar en la Alemania nazi comenzó a alarmar a los rusos con razón. Los nazis eran declaradamente anticomunistas y habían manifestado sus intenciones de expansión hacia el este. En 1939, las dos naciones firmaron el pacto nazi-soviético, pero la paz entre ellos se derrumbó en 1941 cuando Alemania invadió el territorio ruso. Durante la guerra, las poblaciones de los territorios ocupados por los soviéticos también sufrieron deportaciones forzadas. Los ciudadanos polacos y bálticos, en su mayoría mujeres y niños, fueron exiliados a "asentamientos" en Siberia y Asia Central. Muchos no sobrevivieron al viaje, y mucho menos a las duras condiciones en las que llegaron.

Muchos de los hombres recibieron disparos. Se han descubierto fosas comunes en las zonas fronterizas de Rusia, algunas de las cuales contienen miles de hombres ejecutados. Quizás el más infame fue la masacre del bosque de Katyn, cerca de la ciudad de Kozelsk. Fue aquí donde la NKVD ejecutó aproximadamente a 22,000 prisioneros de guerra polacos en 1940. Entre las víctimas se encontraban oficiales polacos, policías, intelectuales, terratenientes, abogados, artistas y sacerdotes. Al mismo tiempo, los nazis estaban exterminando a los polacos en sus territorios: aparentemente, Hitler y Stalin buscaban la destrucción de la nación polaca.

· · ·

Durante la Segunda Guerra Mundial, Stalin había relajado parte de la represión interna en interés de la unidad nacional. Sin embargo, dirigió la atención a las poblaciones musulmanas como los chechenos, los ingush y los tártaros de los Balcanes, que anteriormente habían sido bastante autónomos. Una vez más, la seguridad nacional fue la justificación del Kremlin para las deportaciones masivas por ferrocarril a Kazajistán y Kirguizia. Muchos murieron en el camino en las condiciones inhumanas de los carros de ganado abarrotados y aún más morirían de enfermedades y hambre en su destino. Muchos consideran esto como otro acto de genocidio y tensiones y han continuado hasta el día de hoy entre Chechenia y Moscú.

Tras la derrota de Alemania, Stalin redobló sus esfuerzos contra la posible oposición desde dentro del estado, aunque nunca alcanzaría el grado visto durante el Gran Terror. Las matanzas en masa habían dañado gravemente la infraestructura soviética con la pérdida de tantos trabajadores, funcionarios y administradores experimentados.

Los soviéticos buscaron reconstruir su economía pero también ampliar sus territorios e influencia global. Este aumento del poder mundial los puso en oposición a la otra superpotencia de la posguerra, Estados Unidos, y comenzó el período de la Guerra Fría.

Stalin murió en 1953, aparentemente en paz. Los historiadores todavía desconocen las causas de su naturaleza catastróficamente destructiva. Su reputación en Occidente es la de un tirano despótico y asesino, pero en Rusia, el mito de Stalin como el "líder sabio" persevera.

En un presente incierto, algunos anhelan una época dorada en la que imaginan una Rusia fuerte, con pleno empleo y baja criminalidad y veneran a Stalin como figura paterna de su nación.

7

Adolf Hitler: El Holocausto Nazi

EL GENOCIDIO más grande y notorio, el que provocó una nueva definición de crimen en los estatutos internacionales, fue el exterminio nazi de los judíos. El antisemitismo abundaba en Europa en la primera mitad del siglo XX y, como muchos otros países, Alemania tenía una larga tradición de prejuicios contra los judíos. Durante siglos, a los judíos se les prohibió poseer tierras y varias organizaciones intentaron revocar los derechos de ciudadanía judíos. El prejuicio floreció al final de la Primera Guerra Mundial, aumentado por la humillante derrota de los alemanes y el correspondiente aumento del nacionalismo.

Las filosofías antijudías fueron compartidas por numerosos grupos políticos en la década de 1920, pero también por algunas organizaciones no políticas como el Movimiento de Gimnastas y algunos grupos cuasi religiosos. Esta ola de intolerancia creció en la década de 1920, disminuyendo ligeramente después del fallido golpe de Estado de Hitler a fines de 1923, cuando algunos de los grupos se disolvieron.

El camino hacia la noche de los cristales rotos

En 1925, resurgió el Partido Nacionalsocialista de los Trabajadores Alemanes, con el tema del antisemitismo en su núcleo. En 1928, Hitler había consolidado muchas de sus ideas racistas y de derecha en una filosofía antijudía.

Gran parte de Europa estaba en crisis después de la Primera Guerra Mundial, y el colapso económico estadounidense en 1929 tuvo un efecto desastroso en la República de Weimar. El desempleo en Alemania superó los 6 millones y la inflación fue desenfrenada. El gobierno recortó los gastos estatales, los salarios y la paga por desempleo, lo que agravó aún más la crisis. Algunos alemanes se volvieron hacia el comunismo, pero los acontecimientos en Rusia aterrorizaron a muchos otros.

. . .

Una sucesión de gobiernos débiles no logró detener el declive, lo que provocó que muchos alemanes comunes se desesperaran por la democracia y buscarán en su lugar un líder fuerte que los rescatara.

La "cuestión judía" se convirtió en una característica central de la propaganda electoral nazi en la década de 1930. Pidieron la exclusión de los profesores, estudiantes e incluso escolares judíos del sistema educativo alemán.

También querían prohibir la práctica de profesionales judíos como médicos y abogados. La culpa de los males de Alemania recayó directamente en los pies de la población judía. Hitler citó precedentes históricos absurdos, como culpar a los judíos por el declive del Imperio Romano. Otros grupos también atrajeron la aprobación nazi. Pinturas y libros fueron públicamente destruidos por ser degenerados. Muchos artistas y científicos, sintiendo la dirección de la marea política, huyeron de Alemania.

En 1932, los nacionalsocialistas eran el partido más grande del Reichstag y en 1933 Hitler se convirtió en canciller. Ese mismo año, se inauguró el Tercer Reich con el objetivo de recuperar los territorios alemanes perdidos.

· · ·

La primera fase de la ingeniería étnica de los nazis fue sacar a los judíos de la vida pública. Esto tuvo lugar entre 1933 y 1934, cuando los médicos y abogados judíos fueron despedidos y los judíos fueron excluidos del sistema educativo. Los ataques contra los judíos se intensificaron y en 1935, los últimos vestigios de su ciudadanía fueron revocados bajo las leyes de Nuremberg. Estos estatutos prohibían el matrimonio y las relaciones sexuales entre judíos y arios. Esta eliminación de sus últimos vestigios de ciudadanía fue la segunda fase de la "solución" judía, por lo que era legal discriminarlos. Muchas familias judías se habían asimilado a la cultura nacional, algunas apenas eran conscientes de su ascendencia semita y su exclusión del resto de la sociedad supuso una profunda conmoción. Algunos judíos, no solo en Alemania, sino también en Austria, Polonia y otros países vecinos, vieron las señales de advertencia temprano.

Un sobreviviente judío que había sido un escolar en Viena recordó: Tuvimos que luchar literalmente en la escuela, en las calles. El antisemitismo en Viena era desenfrenado y siempre lo había sido. Incluso antes de que Hitler llegara al escenario austriaco, sabíamos lo que se avecinaba.

. . .

Consciente de que la opinión internacional adversa podría afectar la economía alemana, Hitler fue inicialmente cauteloso en su conducta contra los judíos. Se fomentó la emigración a Palestina, y los emigrados incluso recibieron formación para su nueva vida. Sin embargo, no cabe duda de las verdaderas intenciones de Hitler. Ya en 1922 dijo: "Una vez que esté en el poder, mi primera tarea será la aniquilación de los judíos".

Los intentos de construir un nuevo Reich dependían de dar a la población alemana una identidad fuerte y de "purificar" la raza. La propaganda tomó dos caminos hacia la misma conclusión mortal. Primero, los alemanes llamados arios fueron promocionados como una raza superior. Se crearon mitos sobre los orígenes del pueblo alemán. Aunque el pueblo germánico era una colección de comunidades étnicamente dispares, los propagandistas inventaron una antigua tribu de la que descendían los caballeros teutónicos de la Edad Media. Afirmaron que esta noble línea continuó hasta el día de hoy y se utilizó el último trabajo científico sobre la herencia para respaldar su lógica defectuosa. Declararon que la historia y la ciencia demostraron la superioridad de su raza, por lo tanto, su pedigrí debería permanecer puro y sin diluir por sangre inferior.

. . .

Los ejemplos tomados de la agricultura y la ganadería respaldaron aún más sus teorías: las malas hierbas deben eliminarse para promover un crecimiento saludable, los animales débiles y enfermos deben ser destruidos. Heinrich Himmler, un antiguo criador de pollos que se hizo conocido como el arquitecto del Holocausto, estaba particularmente interesado en aplicar los principios agrícolas a la ingeniería social. Esto proporcionó a los nazis su justificación para la eliminación de muchos "indeseables" alemanes, como los homosexuales, los gitanos, los comunistas, los liberales, los enfermos mentales y los discapacitados físicos. Hitler proclamó su intención de "preservar la raza incluso a expensas del individuo". Setenta mil alemanes con enfermedades hereditarias fueron asesinados como resultado de la eugenesia nazi, y 5,000 niños alemanes "malformados" fueron asesinados en departamentos especiales para niños.

Había una jerarquía racial de "razas alienígenas", una especie de escala móvil con los alemanes en la cima. Los ucranianos podrían ser los siguientes, por ejemplo, los polacos por debajo de ellos y los judíos al final. Cada estrato merecía un trato diferente. Las razas nórdicas eran preferibles a otras no alemanas e incluso aceptables para ayudar a poblar territorios alemanes. Los eslavos eran considerados subhumanos.

. . .

Mientras exaltaba las razas germánicas, la propaganda también denigraba a los judíos. Las burdas películas de propaganda se intercalan entre imágenes de judíos y hordas de ratas enloquecidas. Los judíos fueron etiquetados como degenerados y culpables de sacrificar niños; todos eran biológicamente inferiores y corromperían a la raza alemana sólo por su proximidad.

En 1938, la economía alemana se había estabilizado y se había fortalecido mucho; Hitler podría comenzar su expansión planificada más allá de las fronteras alemanas.

Su violencia contra el pueblo judío también aumentó. En noviembre de 1938, el colaborador más cercano de Hitler, Joseph Goebbels, incitó a ataques de turbas sancionados por el estado llamados pogromos. Los pogromos culminaron en Kristallnacht, la "noche de los cristales rotos". Cientos de sinagogas fueron incendiadas y miles de hogares y negocios judíos atacados. Alrededor de 30,000 hombres judíos fueron enviados a campos de concentración y casi 100 murieron. El liderazgo nazi notó la ausencia de protestas de la población alemana, aquellos a quienes no les gustó lo que vieron en su mayoría se mantuvieron callados, por temor a las repercusiones.

. . .

Kristallnacht envió ondas de choque a la comunidad judía y alertó a muchos extranjeros sobre el desastre que se estaba desarrollando. Algunos padres judíos, incapaces de salir ellos mismos de Alemania, recurrieron a medidas desesperadas para proteger a sus hijos. Posteriormente, Gran Bretaña acogió a casi 10,000 jóvenes evacuados como parte del plan Kindertransport y los patrocinadores ayudaron a muchos artistas y científicos a ponerse a salvo en Gran Bretaña y Estados Unidos.

Segunda Guerra Mundial

Cuando estalló la guerra en 1939, los nazis se liberaron de las limitaciones de la opinión internacional (como era de esperar, culparon de la guerra a los financieros judíos internacionales). Poco después de entrar en Polonia, los nazis se dispusieron a atacar a la población judía polaca.

Se fusiló a grupos de judíos y se prendió fuego a las sinagogas, algunas llenas de gente. Las deportaciones aumentaron para hacer lebensraum (espacio vital) para los arios alemanes. Los judíos de Austria y Checoslovaquia fueron deportados a ciudades polacas y apiñados en barrios marginales superpoblados.

. . .

El hambre y las enfermedades pronto se generalizaron, por lo que los nazis construyeron muros alrededor de las áreas para contener mejor a los habitantes y sus enfermedades.

Estos eran los guetos polacos, donde morirían muchos judíos. Se cree que hasta medio millón de personas murieron a causa de las brutales condiciones que se les impusieron allí.

En 1940, Alemania invadió Dinamarca, Noruega, Luxemburgo, Holanda, Bélgica y Francia. Hitler luego volvió su enfoque hacia el este y la invasión de los territorios soviéticos comenzó en 1941. Mientras las fuerzas alemanas atravesaban las fronteras rusas, escuadrones de la fuerza policial y SS, conocidos como Einsatzgruppen, tenían la tarea de eliminar a todos los judíos y comunistas.

En algunas áreas, las milicias locales ayudaron a los alemanes; algunos de mala gana, otros de buena gana. Un policía lituano recordó haber llevado a judíos a grandes fosas, donde se tendían y les disparaban. Se provocaría que el siguiente grupo se tumbara encima de las víctimas anteriores y también se les dispararía.

Vio cientos de hombres, mujeres y niños asesinados de esta manera: a fines de 1941, medio millón de judíos soviéticos habían sido asesinados. Las unidades alemanas que trabajaban con auxiliares locales mataron a unos 30,000 judíos en Letonia y hasta 75,000 en Ucrania. Los nazis también clasificaron a los rusos como untermenschen y fueron responsables de la muerte de aproximadamente 5,7 millones de prisioneros de guerra soviéticos.

Inicialmente, Hitler había planeado eliminar a los judíos después de la guerra, pero pronto se dio cuenta de que el conflicto podía usarse como cobertura y excusa para el exterminio masivo. Los nazis se dispusieron a "purificarse" en serio. Muchos judíos todavía estaban en guetos polacos, algunos todavía tenían necesidad de seguir en Alemania. Los Einsatzgruppen fueron enviados a los guetos para despejar espacio para nuevos deportados, masacrando a decenas de miles de habitantes. Este era un asunto público y desordenado, por lo que había que encontrar medios más eficientes. Se han utilizado pequeñas cámaras de gas y vehículos de gas móviles para "sacrificar" a los enfermos y discapacitados. Himmler decidió adaptar esta tecnología para la 'Solución final' y la construcción del primer campo de exterminio comenzó en el otoño de 1941.

. . .

Holocausto

En 1942, una orden decretó que todos los gitanos fueran enviados a Auschwitz; 20,000 murieron en el campo, incluidos los que habían estado sirviendo en el ejército alemán hasta ese momento. Judíos de toda Europa fueron deportados a Auschwitz para ser asesinado. Goebbels expresó su determinación de limpiar a los judíos en Europa sin piedad. Debemos acelerar este proceso con una fría crueldad. En otro comunicado de 1942, describió el procedimiento como: bastante bárbaro, no quedará mucho de los judíos. Los cientos de campos de concentración habían eliminado a muchos prisioneros por enfermedades, hambre y agotamiento. Los nuevos campos de exterminio, sin embargo, estaban destinados específicamente a matar a un gran número de personas de forma rápida y eficiente: asesinato a escala industrial. Los capaces de trabajar se salvaron temporalmente. Los ancianos, los jóvenes o los enfermos fueron enviados directamente a la muerte.

En el verano de 1942, los planes para la "Solución Final" se intensificaron y los campos de exterminio de Treblinka, Sobibor y Belzek se pusieron en marcha. En lugar de deportar a judíos alemanes y eslovacos a guetos, fueron transportados directamente a campos de exterminio.

En julio, Auschwitz comenzó a "procesar" a personas de toda Europa occidental. Más de la mitad de los 6 millones de judíos asesinados en la Segunda Guerra Mundial murieron en los campos. Los nazis se propusieron aniquilar metódicamente a los judíos de sus territorios ocupados, así como a los de sus aliados. Algunos países colaboraron con más disposición que otros. En Dinamarca, por ejemplo, las unidades de la resistencia llevaron de contrabando al menos a 8,000 judíos daneses a un lugar seguro en la neutral Suecia.

La deportación significaba abarrotar a hombres, mujeres y niños en camiones de ganado.

Los ferrocarriles entregan directamente a los campamentos en rampas especiales. Para mantener el orden, los nazis solían utilizar el engaño. A los deportados se les podría decir que la parada era simplemente un campo de tránsito, donde los limpiarían antes de continuar su viaje.

Muchos supervivientes hablaron de ver extraños buscando reclusos con el pelo rapado, personas desnudas o vestidas con harapos o uniformes a rayas.

. . .

Estos deportados pensaron que habían llegado a una institución mental, y pocos sospecharon que pronto también se verían así. Se dividió a hombres, mujeres y niños, se les obligó a desvestirse ya las mujeres se les cortó el pelo. A los aptos para trabajar se les permitió vivir, por un tiempo. El resto fue conducido directamente a las cámaras de gas, disfrazados de duchas. Se bombeaban humos venenosos al interior de la cámara, lo que provocaba una muerte lenta y dolorosa, y las víctimas por lo general tardaban entre 20 y 30 minutos en morir. Luego, los trabajadores del campo judíos llevaron los cuerpos a fosas comunes o al horno para quemarlos. Estos trabajadores serían continuamente reemplazados por recién llegados y luego se someterían al proceso ellos mismos.

Las condiciones en los campos eran extremadamente brutales. Los detalles más duros del trabajo podrían matar a los trabajadores en unos días, especialmente en las duras condiciones invernales. El hambre era un compañero constante para los internos y una prenda de vestir podía significar la diferencia entre la vida y la muerte. Las autoridades de los campos podían complacer sus tendencias sádicas sin censura. Los presos eran vigilados por presos conocidos como kapos, seleccionados por las SS entre la población carcelaria. Por lo general, eran delincuentes y, en algunos casos, criminales locos.

. . .

Muchos kapos violaron, golpearon o asesinaron a sus compañeros de prisión y, a menudo, eran más temidos que los guardias de las SS. Sobrevivir a estas terribles circunstancias a veces dependía de la pura voluntad de vivir.

El más notorio de los campos fue Auschwitz. Sus puertas estaban inscritas con el lema "arbeit macht frie" (el trabajo trae libertad). En realidad, el trabajo aquí era trabajo esclavo y solo la muerte liberaría a la mayoría de los habitantes. Las selecciones a menudo las realizaba Josef Mengele, el oficial de las SS nazi conocido como el "Ángel de la Muerte". Los supervivientes recordaron su uniforme inmaculado y sus guantes blancos, gesticulando a derecha o izquierda: vive o muere. Fue uno de los alrededor de 30 médicos del campo que llevaron a cabo experimentos sádicos con los reclusos. El campo de interés especial de Mengele era la genética y particularmente los gemelos le fascinaban. Según los informes, cosió a un par de gemelos, intentando convertirlos en siameses. Se realizaron cirugías de todo tipo sin anestesia, incluidos trasplantes y esterilizaciones. Un hombre, Yitzhak Ganon, de alguna manera sobrevivió a la extracción de uno de sus riñones. Recordó haber visto el riñón en la mano de Mengele y lloró por la muerte para liberarlo de su dolor.

. . .

Después de la operación, lo cosieron y lo enviaron directamente a trabajar sin analgésicos. Otros experimentos incluyeron exponer a los prisioneros a extremos letales de frío o calor e inyectarles productos químicos venenosos.

El cercano sitio de Birkenau, el campo hermano de Auschwitz, estaba destinado exclusivamente al proceso de exterminio. Fue capaz de matar a más de 20,000 personas cada día y, en su punto máximo, envió 24,000 en un día. Los cuerpos fueron quemados en hornos y las chimeneas vomitaban continuamente humo y vapores fétidos. Denis Avey fue un prisionero de guerra británico en Auschwitz. Los prisioneros de guerra fueron tratados mucho mejor que otros reclusos, pero la experiencia lo marcó de la misma manera: Mi problema en Auschwitz es que una parte de mí murió allí, me sentía abrumado por este horrible hedor de 24 horas de los hornos y las chimeneas. Las 24 horas del día este olor nauseabundo hasta el día de hoy todavía puedo saborearlo.

En 1942 los avances del Eje se estancaron y durante 1943, los Aliados comenzaron a progresar. Las contraofensivas del Ejército Rojo y el invierno ruso devastaron a los soldados alemanes. Los bombardeos aliados arrasaron varias ciudades alemanas importantes, causando miles de muertes de civiles.

Italia cayó ante los aliados seguida de Francia; el Eje se estaba desintegrando. Las fuerzas alemanas fueron atacadas en sus fronteras orientales por el avance de las tropas rusas y a lo largo del frente occidental por los aliados. Al ver que la guerra se volvía contra ellos, algunos en el alto mando hicieron intentos infructuosos de asesinar a su Führer.

El 8 de mayo de 1945, los aliados aceptaron la rendición de Alemania. Una semana antes, el 30 de abril, Hitler y varios miembros de su su círculo íntimo se había suicidado en el Führerbunker de Berlín. Goebbels y su esposa mataron a sus seis hijos antes de quitarse la vida. Heinrich Himmler, arquitecto de la "Solución Final", intentó escapar usando una identidad falsa pero fue capturado.

Se suicidó mientras estaba bajo custodia mordiendo una cápsula de cianuro. Josef Mengele escapó a América del Sur, donde vivió con muchos alias hasta su muerte por accidente cerebrovascular y ahogamiento en 1979. Algunos criminales de guerra nazis fueron llevados a juicio. En los juicios de Nuremberg, que comenzaron en noviembre.

En 1945, 21 personas se enfrentaron a un tribunal aliado.

. . .

Hermann Goering, uno de los más importantes del círculo íntimo de Hitler, se suicidó en su celda después de recibir la pena de muerte. Algunos de los acusados fueron encarcelados, tres fueron absueltos, pero la mayoría fueron condenados a muerte.

Desde Nuremberg, ha habido una serie de otros juicios, pero cuando tantas personas fueron cómplices en tantas muertes, parece inevitable que muchos le escaparon a la justicia. Sesenta y un países estuvieron involucrados en la guerra y los muertos se cuentan entre 50 y 70 millones. Auschwitz permanece como un monumento a los que murieron dentro de sus muros.

8

Plan de Hambre

El Plan Hambre o Plan del Hambre (en alemán Hungerplan) fue un plan económico genocida de la Alemania nazi ideado en 1941 para ser aplicado en la Unión Soviética tras su invasión y ocupación. Preveía que la Wehrmacht se alimentara sobre el terreno y que la producción soviética se destinara a abastecer a Alemania, a costa de la población civil y de los prisioneros de guerra soviéticos a los que se dejaría morir de hambre. Se calculaba que morirían treinta millones de personas, haciendo posible así la aplicación del Plan General del Este que preveía constituir un Gran Imperio Alemán que llegaría hasta los montes Urales.

En enero de 1941, cuando ya se habían puesto en marcha los preparativos militares para la invasión alemana de la

Unión Soviética, el jefe de las SS, Heinrich Himmler, les dijo al resto de los líderes de las SS reunidos en el castillo de Wewelsburg que el objetivo de la guerra era reducir la población eslava en 30 millones de personas.

La elaboración del que sería conocido como Plan Hambre corrió a cargo del dirigente nazi Herbert Backe, secretario de Estado del Ministerio de Agricultura y hombre de confianza del ministro Walther Darré, principal ideólogo nazi del campesinado y amigo de Reinhard Heydrich de las SS. Su objetivo era apoderarse de los productos alimenticios de la Unión Soviética para abastecer al ejército alemán y a la población civil de Alemania y para matar de hambre a unos treinta millones de ciudadanos soviéticos. Para alcanzar esta cifra las ciudades soviéticas, una vez conquistadas, serían acordonadas para que la población no recibiera ningún alimento.

El plan fue apoyado de forma entusiasta por Hitler y por otros líderes nazis como Göring y Himmler, ya que por un lado prevenía que se planteara un problema alimentario en Alemania, algo que obsesionaba a Hitler por su experiencia durante la Primera Guerra Mundial ya que según él la desnutrición y el hambre habían sido claves para explicar la caída del apoyo al esfuerzo bélico, y por otro contribuía a derrotar al "bolchevismo judío" y a crear el espacio vital en el Este. El plan también fue aprobado por la Wehrmacht porque le permitía alimentar a los tres millones de hombres que había desplegado para invadir y ocupar la Unión Soviética, así como a los 600,000 caballos empleados para el transporte de pertrechos y armas, sin tener que preocuparse de la población civil ni de los prisioneros de guerra soviéticos, a los que se dejaría morir de hambre. El general Georg Thomas, de la administración central de las fuerzas armadas, se reunió con los secretarios de Estado de los ministerios implicados y todos ellos concluyeron que no hay duda de que millones de personas morirán de hambre si sacamos del país aquello que necesitemos. Como ha señalado Antony Beevor, de esta forma antes incluso de que se dispararan los primeros tiros, la Wehrmacht se convirtió en cómplice activo de una guerra genocida de aniquilación.

El Plan Hambre se enmarcaba en el más amplio Plan General del Este, que Himmler encargó el 21 de junio de 1941 a la oficina del Reich para el Reforzamiento de la Raza Alemana y cuyo primer borrador se concluyó tres semanas después. El Plan General para el Este preveía constituir un gran imperio alemán que llegaría hasta los Urales y donde se asentarían unos diez millones de colonos alemanes que utilizarían como mano de obra semiesclava a los Untermenschen eslavos.

. . .

Los que no fueran necesarios para trabajar en las granjas serían desplazados más al este o se les dejaría morir de hambre.

Aplicación

El trato inhumano que recibieron los millones de soldados soviéticos capturados, en octubre de 1941 alcanzaban la cifra de tres millones, respondió al Plan Hambre. No se prepararon campos de prisioneros de ningún tipo, a los prisioneros se les dejó a la intemperie rodeados por alambre de espino y apenas se les dio de comer o beber, los guardias se divertían viendo cómo los prisioneros se peleaban entre ellos cuando les lanzaban algunas hogazas de pan. Los médicos del Ejército Rojo fueron los encargados de atender a los heridos y a los enfermos pero no se les proporcionó ni medicinas ni medios para llevar a cabo su trabajo. Se calcula que sólo en 1941 murieron más de dos millones de soldados prisioneros a los que la Wehrmacht dejó morir y de los que sólo se preocupó de que no escaparan.

Sin embargo, el Plan Hambre respecto de la población civil finalmente no fue completamente aplicado por la Wehrmacht, las ciudades no fueron acordonadas para que sus habitantes murieran de hambre, aunque la hambruna se extendió de todas formas, porque el ejército alemán necesitó una gran cantidad de mano de obra para satisfacer sus necesidades ya que el plan de autoabastecerse sobre el terreno había resultado un fracaso. La Wehrmacht no encontró en los territorios que iba ocupando los alimentos que necesitaba para abastecer a sus soldados, y a los caballos, debido a los estragos de la propia guerra, a la política dictada por Stalin de la tierra quemada, a las acciones de los partisanos y a la huida de parte de sus habitantes.

A pesar de todo, el 15 de noviembre de 1941, casi cinco meses después del inicio de la invasión de la URSS, el número dos de la Alemania nazi Hermann Göring, le dijo al conde Ciano, ministro de Asuntos Exteriores de la Italia fascista: Este año morirán de hambre de 20 a 30 millones de personas en Rusia.

9

Camboya

Casi el 25 por ciento de la población camboyana perdió la vida durante el gobierno de los Jemeres Rojos. Este brutal régimen duró solo cuatro años (de 1975 a 1979) pero fue responsable de la muerte de entre 1,7 y 2,5 millones de personas. Se estima que cada familia perdió al menos un miembro.

Khmer Rouge

Camboya había sido una vez el antiguo reino de los jemeres; su capital era Angkor, hogar de los mundialmente famosos templos del siglo XII. Era principalmente una nación budista, que había estado bajo el dominio colonial francés.

Después de obtener la independencia de Francia en 1953, el país fue gobernado por el príncipe Norodom Sihanouk.

El Khmer Rouge se originó en la década de 1960. Eran un grupo guerrillero comunista con base inicialmente en las zonas montañosas y selváticas más inaccesibles del noreste del país. Durante este período, su líder, Pol Pot se inspiró en los estilos de vida comunales de las tribus de las montañas locales. Admiraba su autosuficiencia y la ausencia de dinero y religión. Se había educado en París, donde se afilió al Partido Comunista Francés y era un admirador del comunismo maoísta. Creía que el pueblo camboyano había sido contaminado por el budismo y por el contacto con el mundo exterior, en particular con Occidente. A pesar de que la mayor parte de la jerarquía del grupo se educó en la Universidad de París, defendían una ideología que colocaba el trabajo manual por encima del trabajo intelectual.

Durante muchos años, el Khmer Rouge atrajo poco apoyo hasta que, en 1970, el príncipe fue derrocado del poder por un golpe de derecha.

. . .

Esto resultó en una guerra civil que duraría cinco años. El Khmer Rouge entró en coalición con el príncipe, en oposición al nuevo presidente, Lon Nol. Las dificultades de la Guerra Civil de Camboya se vieron exacerbadas por la vecina Guerra de Vietnam. Los ataques de Estados Unidos contra supuestas líneas de suministro vietnamitas al norte del país a menudo golpean áreas camboyanas. Bajo el príncipe Sihanouk, el país se mantuvo neutral en la guerra de Vietnam. Sin embargo, Lon Nol fue respaldado por Estados Unidos y, bajo su gobierno, las fuerzas estadounidenses utilizaron territorios de Camboya en sus ofensivas contra el Viet Cong. Según los informes, fue culpable de pogromos contra personas de etnia vietnamita que vivían en Camboya, matando a miles y enviando hasta a 200,000 en el exilio. Sin embargo, se rumoreaba que la oposición era aún más bárbara cuando capturaron las aldeas enemigas.

El Khmer Rouge comenzó a ganar más control, particularmente en el campo. Los bombardeos estadounidenses incitaron a muchos reclutas a unirse a la oposición al liderazgo pro estadounidense de Lon Nol, y China y Vietnam del Norte les proporcionaron capacitación.

Cuando Pol Pot finalmente tomó el control de la capital, Phnom Penh, tenía el mando de todo el país.

Se estima que 156,000, la mitad de los cuales eran civiles, murieron en la guerra civil. Cuando el ejército comunista entró en la ciudad devastada por la guerra, multitudes de habitantes que ondeaban banderas se alinearon en las calles para dar la bienvenida a los vencedores y al fin de la guerra. Muchos testigos describen a los soldados victoriosos como de rostro sombrío y ojos fríos. Sin que lo supieran las multitudes que lo vitoreaban, a estos soldados se les había enseñado a odiar a los habitantes de las ciudades como enemigos capitalistas y pro vietnamitas del pueblo.

Año Cero

Pol Pot se propuso transformar Camboya en una utopía agrícola. El nombre del país se cambió a Kampuchea y declararon que la historia se reiniciaría en el Año Cero. Lo imaginó convirtiéndose en una gran federación de granjas colectivas, trabajada por toda la población. Aislaron a la nación del resto del mundo y se prohibieron las radios, los periódicos, los libros y la televisión.

Las ciudades se vaciaron cuando los habitantes se vieron obligados a ir al campo, sin importar la edad o las enfermedades.

A algunas familias se les dio solo diez minutos para prepararse para dejar sus hogares para siempre. Más tarde, los testigos hablaron de que la ruta desde Phnom Penh estaba llena de cadáveres: algunos habían resistido y habían sido ejecutados, otros habían muerto de hambre o agotamiento en el camino. Algunos supervivientes hablan de tener que beber de estanques con cadáveres flotando en ellos. Un periodista extranjero describió cómo incluso los heridos fueron expulsados de sus salas de hospital.

Muchos resultaron heridos en la escalada de combates durante los últimos días de la guerra civil pero se esperaba que abandonaran las ciudades junto con todos los demás. Los que no podían caminar fueron trasladados a sus camas de hospital por familiares; algunos pacientes que abandonan los hospitales todavía están adheridos a sus bolsas de plasma y suero. Algunos grupos se vieron obligados a viajar durante más de un mes. Este fue otro ejemplo de muerte por deportación y se estima que al menos 20,000 murieron de esta forma.

Los que llegaron al campo se vieron obligados a realizar trabajos no remunerados en condiciones terribles, lejos de sus hogares. Las personas se vieron obligadas a trabajar durante al menos 12 horas al día con raciones alimentarias inadecuadas.

Algunos no recibieron días de descanso; otros pueden descansar un día después de cada diez. Niños de hasta seis años y ancianos fueron asignados a tareas de "fuerza débil". Estas tareas incluían la recolección de estiércol y el cuidado de las aves de corral. Se esperaba que todos vistieran un uniforme negro y trabajaran sin expresar ninguna emoción. No había medicinas, por lo que la enfermedad y el cansancio mataron a muchos. Separados de sus hogares y, a menudo, de sus familias, las personas se volvieron totalmente dependientes de los jemeres rojos para sobrevivir, ya que les proporcionaban la poca comida y refugio disponibles. Los niños muy pequeños fueron adoctrinados en las ideologías de los Jemeres Rojos.

Los trabajadores rurales se sometieron a programas de reeducación para alentarlos en sus nuevos estilos de vida comunales. La población se clasificó de acuerdo con su estado pro-estado en el que estaban considerados. A los campesinos de las zonas previamente controladas por los jemeres rojos se les denominaba "ancianos". Los refugiados urbanos eran la "gente nueva" y los comunistas los trataban con sospecha. A la "gente nueva" se le dijo que podían recuperar plenos derechos ciudadanos a través del trabajo duro y emulando el ideal campesino. En realidad, pocos lograron esto y muchos murieron antes de que pudieran mejorar su estado.

Algunos fueron reubicados de las granjas a nuevos campamentos, luego de la temporada de siembra de arroz. Sin embargo, muchas de estas reubicaciones resultaron en ejecuciones y entierros en fosas comunes en claros de la jungla. Estos períodos de reubicación se conocieron como "temporadas de matanza". En algunas zonas, la comida era demasiado escasa para alimentar a todos los trabajadores. Si fueran suertudos, se les podría permitir buscar comida extra, como lagartijas y ratas. En algunas zonas, sin embargo, esto estaba estrictamente prohibido y se castigaba con la muerte.

Se prohibió el dinero y la propiedad privada. Se abolieron los derechos civiles y políticos. Los niños fueron separados de sus familias y puestos en campos de trabajo. Se desalentaron las relaciones personales entre personas y se prohibieron las actividades culturales. Las personas fueron separadas de sus familias, hogares y trabajos. Los Jemeres Rojos querían destruir la individualidad, crear una población de autómatas que produjeran alimentos y cumplieran las órdenes del régimen sin interrupciones. Las fábricas e instituciones públicas como escuelas y hospitales fueron cerradas. Los cirujanos incluso fueron interrumpidos en medio de la operación y obligados a abandonar los quirófanos a punta de pistola. Más tarde surgieron informes de pacientes varados y abandonados que fueron forzados al canibalismo.

Los intelectuales y otros civiles educados fueron automáticamente etiquetados como enemigos del estado y eliminados. Se ejecutó a profesionales como médicos, abogados y maestros, a menudo junto con toda su familia. También fueron detenidos y ejecutados miembros del ejército. Algunos civiles fueron asesinados simplemente por saber un idioma extranjero o por usar anteojos y muchos profesionales sobrevivieron ocultando sus identidades e inteligencia. Se prohibió la música y se ejecutó a personas por mostrar emociones en público. Todas las religiones estaban prohibidas. Muchos de los templos budistas fueron destruidos y los monjes asesinados. También murieron poblaciones musulmanas y cristianas; se estima que hasta la mitad de los 180,000 musulmanes cham fueron asesinados y cerca de 8,000 cristianos.

También murieron muchas minorías étnicas que vivían en Camboya, como la vietnamita y la tailandesa. Alrededor de 225,000 chinos étnicos fueron asesinados y los camboyanos incluso fueron ejecutados por tener ascendencia extranjera. Pol Pot estaba ansioso por despertar el odio racial contra los vietnamitas, esperando montones de huesos del enemigo, arrojados sobre nuestra tierra. Los refugiados que llegaron a los campamentos de la ONU en la frontera tailandesa hablaron de las atrocidades que habían presenciado.

. . .

Según los informes, los jemeres rojos no mostraron escrúpulos, incluso mataron a golpes a los niños contra los árboles.

Decenas de miles de personas fueron torturadas en centros especiales de detención. El campo de prisioneros más infame estaba en Phnom Penh y conocido como Tuol Sleng o S21. El edificio había sido anteriormente una escuela secundaria, pero el Khmer Rouge no tenía uso para escuelas y lo convirtió en un campo de prisioneros en 1975. Menos de una docena de prisioneros sobrevivieron a su encarcelamiento en S21. Algunos de los que lo hicieron dieron testimonio en juicios recientes.

Uno de los testigos fue Chum Mey, mecánico y ex recluso.

Describió que le vendaron los ojos y lo encadenaron al suelo de su pequeña celda. Durante 12 días y noches fue torturado, sus verdugos buscando una confesión de que había estado espiando para Estados Unidos y Rusia. Lo golpearon con látigos de bambú, le arrancaron las uñas de los pies con pinzas y le rompieron los dedos. Finalmente, fue sometido a descargas eléctricas lo suficientemente poderosas como para hacerle perder el conocimiento.

Chum Mey confesó todo lo que pidieron e implicó a decenas de personas inocentes. Dijo que habría hecho cualquier cosa para detener la tortura. Alguien lo había implicado bajo tortura y él había hecho lo mismo con otros. Así que el proceso de masacrar a una población inocente siguió y siguió.

Los presos fueron encadenados, 40 a un bar, por la noche para dormir. Se les pidió que mantuvieran un silencio absoluto. Dijo a la corte: Cuando lloré, no pude hacer ningún ruido. Solo estaba esperando el día en que me matarían. Creyó haber sobrevivido porque pudo arreglar las máquinas de coser en el taller de la prisión. El Khmer Rouge pesó y fotografió a cada prisionero al ingresar al S21. Muchas de estas fotografías están expuestas al público y muestran a personas de todas las edades, algunos claramente niños. Al menos 17,000 personas fueron encarceladas en S21 y, en su punto máximo, casi 600 personas fueron ejecutadas en un día. La paranoia del régimen era similar a la de la Rusia estalinista.

Arrestaron y ejecutaron a innumerables miembros de su propia organización, a menudo por las razones más endebles. S21 es ahora un museo de genocidio.

. . .

Se animaba a los niños a espiar a los adultos y denunciar cualquier comportamiento aberrante, a informar e incluso a matar a sus propios padres si era necesario. Se les consideraba puros e inmaculados por los elementos corruptores a los que habían estado expuestos sus padres. El Khmer Rouge también reclutó a jóvenes en su ejército, algunos de solo 11 o 12 años. Hay informes de niños de hasta cinco años que comienzan su entrenamiento militar.

Los niños soldados se vieron obligados a matar civiles y luchar contra los vietnamitas. Muchos de estos niños murieron en combates y accidentes por manipulación de armas y explosivos. Los que sobrevivieron quedaron marcados por las brutalidades de sus primeros años de vida.

Las secuelas

En 1978, Vietnam invadió Kampuchea y derrocó a los Jemeres Rojos. Desde entonces, Camboya ha enfrentado una larga lucha para reconstruirse. La mayor parte de la clase profesional fue aniquilada en ese breve período de cuatro años; sólo unos 40 médicos sobrevivieron al Khmer Rouge.

Una generación se vio privada de educación y la economía se arruinó. Un asombroso 65% de la población camboyana actual tiene menos de 25 años.

Se han descubierto fosas comunes en el campo llamadas The Killing Fields. Muchos de los civiles desaparecieron sin dejar rastro y sus familias aún no saben qué fue de ellos. Algunos altos cargos del régimen se han enfrentado a juicio, aunque los tribunales han tropezado con dificultades. Los grupos de víctimas y los fiscales internacionales afirman que las presiones políticas han interferido en el proceso judicial. Pol Pot fue puesto bajo arresto domiciliario en la jungla de Camboya, donde murió de causas naturales en 1998. Nunca fue llevado a juicio.

Al igual que con las masacres de Stalin, algunos niegan que estos asesinatos puedan denominarse genocidio, ya que no estaban dirigidos a un grupo en particular, sino a una franja más amplia de la población. Sin embargo, se señalaron determinados grupos étnicos, como los musulmanes. También se apuntó a grupos específicos de camboyanos, como los profesionales y los educados, y muchos criticarían la definición de la ONU por no incluir a los grupos sociales.

10

La masacre Srebrenica

En julio de 1995, las fuerzas de los serbios de Bosnia se colocaron en la pequeña ciudad de Srebrenica, donde se habían refugiado decenas de miles de personas. Buscaban refugio de los horrores de la guerra de Bosnia, confiando en la protección de las fuerzas de la ONU estacionadas allí. Sin embargo, no habría refugio en Srebrenica. La ciudad sería el escenario de la peor masacre de la guerra.

Después de la Segunda Guerra Mundial, muchos miembros de la comunidad internacional resolvieron que tales masacres nunca deberían volver a ocurrir: la ONU controlaría las áreas conflictivas. A finales del siglo XX, los expertos pudieron identificar situaciones que podrían resultar en un genocidio.

· · ·

La ONU podría enviar sus Fuerzas de Paz para separar las facciones enemigas y prevenir el asesinato de civiles desarmados. Sin embargo, la presencia de la ONU no siempre puede prevenir masacres genocidas.

La guerra de Bosnia

La ex República Yugoslava estaba formada por poblaciones cultural y étnicamente diferentes, unidas por un gobierno comunista central. A medida que este estado comunista se desintegró durante la década de 1980, aparecieron grietas entre los diferentes grupos étnicos, lo que generó a su vez, un resurgimiento del nacionalismo.

Los nacionalistas serbios querían un país centralizado bajo su control. Otras etnias querían un estado descentralizado y algo de autonomía. Tras la elección del presidente Slobodan Milosevic, el gobierno serbio aumentó su control sobre las provincias. En general, se considera que el fin de la República Yugoslava se produjo en 1990, cuando las facciones serbia y eslovenia no pudieron ponerse de acuerdo en su Congreso. Milosevic probablemente alentó el nacionalismo como un medio para aumentar su propio poder. Estallaron guerras en Croacia y Eslovenia cuando ambos declararon su independencia.

La República Socialista de Bosnia y Herzegovina también votó a favor de la independencia. Era una región étnicamente mixta, formada por una mayoría de bosnios musulmanes, serbios ortodoxos y croatas católicos. El parlamento se dividió a lo largo de líneas étnicas cuando los serbios, encabezados por Radovan Karadzic, y los croatas declararon repúblicas separadas. La Comunidad Económica Europea intentó instigar un plan de reparto de poder entre las facciones. Sin embargo, por razones que siguen en disputa, el líder bosnio retiró su firma.

La Guerra de Bosnia comenzó en 1992, entre tres fuerzas enemigas principales: la República Srpska (actualmente Serbia), el Consejo de Defensa de Croacia y la ARBIH. La división étnica y religiosa atrajo a fuerzas paramilitares de más allá de sus fronteras. Las unidades rusas y griegas se unieron a las fuerzas serbias. Voluntarios neonazis de Alemania, Suecia y Austria lucharon junto a los croatas cristianos. La Guardia Revolucionaria de Irán y Hezbollah ayudaron a los bosnios musulmanes.

De esta maraña de luchas por el poder étnico y fuerzas nacionalistas rivales surgió una campaña de limpieza étnica.

. . .

La violencia fue brutal por todos lados. Aunque eran un ejército un poco más pequeño, los serbios tenían más armamento y pudieron dominar a las fuerzas bosnias.

Durante los feroces combates por el control de los territorios, el ejército serbio fue acusado de limpieza étnica en incidentes como la masacre de Prijedor. Las fuerzas serbias parecían seguir un patrón después de tomar el control de las ciudades enemigas. Las casas fueron saqueadas o quemadas, los civiles arrestados y los hombres separados de mujeres y niños. A veces, los hombres fueron puestos en campos de detención; a veces los mataban. Las mujeres y los niños fueron enviados a centros de detención donde a menudo eran sometidos a malos tratos, incluida la violación. Este patrón familiar se repitió en toda la región oriental de Bosnia.

El asedio

Srebrenica es una pequeña ciudad minera de sal situada en las montañas del este de Bosnia. Estaba dentro de una región designada zona segura de las Naciones Unidas en 1993 y custodiada por una fuerza de conservación de la paz de alrededor de 600 personas holandesas.

. . .

Pensando que estarían más seguros bajo esta protección internacional, miles de civiles se refugiaron en la ciudad.

El 6 de julio de 1995, las fuerzas de los serbios de Bosnia, bajo el mando del general Ratko Mladic, sitiaron Srebrenica. La población de la ciudad aumentó debido a los refugiados de las ofensivas serbias en otras partes del noreste de Bosnia. A medida que continuaba el asedio, escaseaban los suministros de alimentos y combustible.

Los combatientes musulmanes bosnios pidieron a las tropas de la ONU la devolución de sus armas entregadas, pero se les negó. Cuando los serbios comenzaron a bombardear la ciudad, los bosnios no tenían nada con qué devolver el fuego. A medida que las fuerzas serbias avanzaban, llegaron más refugiados delante de ellos. Los serbios atacaron los puestos de observación holandeses y tomaron como rehenes a unos 30 soldados de la ONU.

Un soldado holandés murió por fuego bosnio mientras se retiraban.

El pánico creció en la ciudad a medida que los serbios avanzaban y las multitudes se reunían cerca de las posiciones militares holandesas. El comandante holandés había solicitado apoyo aéreo en repetidas ocasiones, pero las apelaciones anteriores habían sido rechazadas y las solicitudes posteriores fueron torcidas. Se lanzó una implementación, pero se retrasó debido a que la solicitud fue enviada en el formulario incorrecto. Para cuando se volvió a enviar, los aviones de la OTAN habían agotado su combustible y tuvieron que regresar a la base. Para el 11 de julio, otros 25,000 refugiados se habían reunido alrededor de la base holandesa en Potocari. Se desplegaron dos aviones holandeses para bombardear a las fuerzas hostiles que rodeaban la ciudad, pero fueron retirados después de que los serbios amenazaron con matar a sus rehenes holandeses y bombardear a los refugiados.

Alrededor de las 16:30 ese día, Ratko Mladic y sus fuerzas entraron en Srebrenica y exigieron las armas de los bosnios. Si no cumplían, amenazaba con matar a todos los musulmanes bosnios. El 12 de julio se separó a los civiles. Aproximadamente 23,000 mujeres y niños fueron deportados en autobuses a territorios musulmanes. Los varones de 12 a 77 años fueron detenidos para interrogarlos por presuntos crímenes de guerra. Alrededor de 15,000 combatientes bosnios fueron bombardeados cuando intentaban escapar a través de las montañas durante la noche.

. . .

Las fuerzas de la ONU entregaron alrededor de 5,000 hombres al ejército serbio a cambio de 14 rehenes holandeses. Los 5,000 musulmanes se habían refugiado en el campamento de Potocari de la ONU. Al día siguiente, comenzó la matanza de musulmanes desarmados en un almacén del pueblo vecino de Kravica. Un testigo describió cómo hombres y niños de hasta 15 años fueron separados de otros refugiados. Les dijeron que serían interrogados y devueltos a sus familias, pero una vez que se los quitaron a los demás, les quitaron los documentos de identidad, los golpearon y les negaron el agua o el saneamiento. Sacaron a grupos de hombres y nunca más se les volvió a ver. Después de dos días, se informó al resto de los detenidos que iban a ser reubicados. Fueron cargados en camiones y conducidos hasta un gran campo.

Con las manos atadas a la espalda, los prisioneros fueron obligados a entrar al campo donde los soldados serbios los rociaron con balas. Algunos lograron escapar a los bosques cercanos.

Un sobreviviente describió que le vendaron los ojos y lo llevaron en camión a un campo en las afueras de la ciudad. Se ordenó a los hombres que salieran de los camiones y se les obligó a hacer fila, donde les dispararon.

. . .

Todos los que intentaron escapar fueron fusilados.

El testigo perdió el conocimiento y luego fingió estar muerto durante más de un día hasta que pudo escapar sin peligro. Mientras huía, vio un campo lleno de cadáveres.

Estos cuerpos fueron enterrados por excavadoras en fosas comunes. El 16 de julio, la ONU negoció una caja fuerte retirada para los holandeses. Cuando los deportados llegaron a sus destinos, comenzaron a surgir informes sobre las masacres.

Después de la guerra

Cuando Slobodan Milosevic fue arrestado en 2001, el general Mladic se escondió. Milosevic murió el 11 de marzo de 2006 durante su juicio en La Haya. Fue el primer jefe de Estado europeo en ser procesado por crímenes de guerra. Mladic fue finalmente encontrado en una granja en el norte de Serbia en 2011. Su juicio comenzó en 2012, acusado de 11 cargos de crímenes de guerra y crímenes contra la humanidad.

. . .

Mladic es ahora una sombra de lo que fue después de una serie de accidentes cerebrovasculares y una afección cardíaca, y la prueba se ha visto plagada de retrasos.

Algunos observadores temen que él también muera antes de que se llegue a un juicio. Hasta la fecha, niega haber participado en el genocidio.

Se estima que hasta 8.000 bosnios musulmanes fueron asesinados en Srebrenica y se la considera la peor masacre en suelo europeo desde la Segunda Guerra Mundial. En 2010, el presidente de Estados Unidos, Barack Obama, calificó la atrocidad como "una mancha en nuestra conciencia colectiva". Es la única masacre de la guerra de Bosnia oficialmente considerada un acto de genocidio por un tribunal de la ONU. El gobierno serbio en Belgrado se disculpó oficialmente en 2010 por la matanza, pero aún se disputan muchos aspectos de la guerra de Bosnia. Aunque la mayoría de los serbios reconocen que se cometió un crimen en Srebrenica, algunos cuestionan el número de muertos. Se quejan de que fueron tildados de villanos del conflicto y de su sufrimiento ignorado. Algunos observadores creen que Occidente fue cómplice de las masacres, o al menos culpable de negligencia.

. . .

La presencia de la ONU y la atención de la comunidad internacional no impidieron que ocurriera una masacre.

Sin embargo, podría haber sido mucho peor, especialmente para las mujeres y los niños, si nadie hubiera estado mirando.

11

De Ruanda a la República Democrática del Congo

SE NECESITARON SÓLO tres meses para que casi 800,000 ruandeses fueran asesinados en uno de los peores brotes de violencia tribal observados en los tiempos modernos. La agresión se extendió por las fronteras hacia el este de la República Democrática del Congo (RDC), lo que contribuyó a llevar a ese país a una guerra que se ha cobrado más de 3 millones de vidas hasta la fecha.

Rivalidades tribales

Ruanda es un pequeño país de África Central. Las tensiones habían existido durante mucho tiempo entre la mayoría de las tribus hutus y las minorías tutsis.

· · ·

Los dos grupos hablan un idioma común, comparten algunas tradiciones y viven en las mismas áreas.

Sin embargo, los tutsis son visiblemente diferentes, son generalmente más altos y delgados y se dice que se originaron en Etiopía. A menudo eran propietarios de ganado, mientras que los hutus tenían más probabilidades de cultivar. Antes de la época colonial, los tutsis habían dominado a los hutus. Durante la era colonial, los tutsis fueron favorecidos por los colonos belgas, clasificados como étnicamente superiores a sus vecinos hutu y recibieron una mejor educación y empleos. El resentimiento que esto causó se convirtió en disturbios a fines de la década de 1950, cuando más de 20,000 tutsis murieron y muchos más escaparon a través de las fronteras.

Después de la Independencia, la mayoría hutu tomó el control del país y los tutsis se convirtieron en chivos expiatorios convenientes. A medida que la economía de Ruanda se deterioró a principios de la década de 1990, el presidente Juvenal Habyarimana recurrió a un dispositivo familiar para reforzar su poder menguante. En un intento por desviar las críticas a su presidencia, Habyarimana difundió propaganda anti-tutsi.

. . .

Utilizó el nacionalismo para volver a poner en orden a sus críticos hutus, exagerando la amenaza causada por el Frente Patriótico Ruandés (FPR). Se trataba de un grupo de refugiados principalmente tutsi que había huido a Uganda. Su objetivo declarado era derrocar su presidencia, por lo que también fueron apoyados por algunos hutus disidentes. Los disturbios continuaron hasta el 6 de abril de 1994, cuando el avión del presidente fue derribado en un ataque con cohetes. Este evento desató toda la fuerza del odio nacionalista que había estado hirviendo durante tanto tiempo. Aunque aún se desconocen los autores del ataque al presidente, inmediatamente se culpó al FPR, junto con todos los tutsis y hutus moderados.

El genocidio

A las pocas horas del ataque aéreo, una ola de violencia asesina surgió desde la capital, Kigali, hacia el campo.

Inicialmente, la agresión fue perpetrada principalmente por milicias y soldados del gobierno. Sin embargo, hubo dos guerras al mismo tiempo. Como explicó el periodista Mark Doyle, existía la convencional guerra de disparos, entre dos ejércitos luchando entre sí.

· · ·

Luego estaba la 'guerra del genocidio', donde uno de los ejércitos, con ayuda civil, estaba masacrando a parte de la población. Las estaciones de televisión y radio controladas por el gobierno transmiten mensajes instando a los civiles a atacar y aniquilar la población tutsi. Surgió un grupo de milicias no oficial llamado Interahamwe, que alcanzó un pico de 300,000 miembros. Las fuerzas policiales y militares a veces obligaban a los hutus a matar a sus vecinos tutsis. Es posible que se les ofrezcan incentivos monetarios o se les prometa la tierra de la víctima si llevan a cabo la matanza. Los hutus que se negaban a matar, o que ayudaban o albergaban a los tutsis, a menudo eran asesinados.

Se inició una búsqueda sistemática de tutsis y se establecieron barricadas en todo el país. Los hutus pueden haber carecido de la tecnología para cometer asesinatos en masa, pero lo compensaron con una oscura inventiva. El machete se convirtió en un símbolo temido de las masacres cuando hombres, mujeres y niños comunes y corrientes fueron asesinados a cuchilladas. Algunos fueron arrojados vivos a pozos y apedreados hasta morir. Muchas iglesias fueron incendiadas o voladas junto con los civiles que buscaron refugio en ellas. La violación se utilizó sistemáticamente como arma, especialmente contra mujeres y niños.

. . .

Un sobreviviente describió que a las personas se les daba la opción de morir: suicidio saltando a un gran río o asesinato con machete. La mayoría eligió ahogarse. Los padres lanzaron a sus propios hijos al agua para salvarlos de una muerte más dolorosa. Muchos testigos recordaron los ríos llenos de cadáveres. Un reportero enviado por una de las cadenas de televisión más importantes del Reino Unido, describió el pueblo de Nyarubuye, donde fueron asesinadas alrededor de 3,000 personas. Vio cadáveres tirados por todas partes: en las calles y en la iglesia. Vio niños decapitados en las aulas, algunos se habían escondido debajo de sus pupitres para intentar evadir a los asesinos.

La sociedad se vino abajo. Nadie cuidaba los campos. No había ningún medicamento para tratar a los heridos. Los cadáveres estaban por todas partes, pero no había uno para enterrarlos, por lo que se pudrieron donde estaban.

Las únicas personas que quedaron con vida fueron los civiles escondidos o los soldados que luchaban entre sí. El reportero recordó que le advirtieron sobre los perros. Se habían acostumbrado tanto a comer carne humana que atacarían a la gente sin miedo. Los soldados del RPF con los que viajaba comenzaron a disparar a los perros a la vista. Los orfanatos estaban llenos de niños maltratados, algunos de los cuales habían perdido a toda su familia.

Muchos habían sobrevivido a los ataques con machete y muchos habían visto a sus familias pirateadas para muerte. Innumerables niños resultaron mutilados físicamente y mentalmente dañados.

Mientras tanto, el RPF luchó contra las fuerzas gubernamentales. Las tropas de la ONU se retiraron temprano en la masacre, luego de la muerte de diez soldados de la ONU y sus esfuerzos diplomáticos para provocar un alto en el fuego fracasaron. Después de su desastrosa operación en Somalia, Estados Unidos se mostró reacio a involucrarse. Aunque el mundo observó, con imágenes horribles que se transmiten a diario en los informes de noticias, nadie intervino. La Cruz Roja hizo lo que pudo, a menudo atrapada en el fuego cruzado, y logró ahorrar hasta 70,000 vidas.

La nueva Ruanda y la República Democrática del Congo

En julio, el FPR finalmente capturó Kigali, derrocó al gobierno hutu y declaró un alto el fuego. Inicialmente, se estableció un gobierno de poder compartido, pero pronto se vino abajo. El presidente hutu fue encarcelado y un tutsi, Paul Kagame, asumió la presidencia.

Ha sido elogiado como un visionario por muchos a quienes se le atribuye la transformación de un país destrozado en una nación próspera en una década. Sin embargo, hay críticas que han ido creciendo referentes al liderazgo autoritario e historial de derechos humanos que no han sido respetados.

Cuando cayó Kigali, dos millones de hutus huyeron del país a la República Democrática del Congo (antes Zaire). Varios de estos refugiados estuvieron implicados en las masacres de Ruanda. Rápidamente se aliaron con el gobierno de la República Democrática del Congo y comenzaron a atacar a los tutsis congoleños. Esto llevó al gobierno ruandés controlado por los tutsis a invadir la República Democrática del Congo, diciendo que querían eliminar a las fuerzas enemigas hutu. La República Democrática del Congo es un país grande y rico en recursos, pero ha sufrido una sucesión de invasiones y guerras.

La afluencia de refugiados hutu y las incursiones ruandesas han contribuido a desestabilizar la República Democrática del Congo y la guerra de 1998-2003 fue causada en parte por las intrusiones ruandesas en la política congoleña.

. . .

El grupo de rebeldes que actualmente ataca al gobierno de la República Democrática del Congo se conoce como M23 y está formado principalmente por combatientes tutsi. Se cree que están financiados y controlados por el gobierno de Ruanda, además de recibir ayuda de la vecina Uganda. El gobierno de la República Democrática del Congo cuenta con el apoyo de Angola, Zimbabue y Namibia. No solo los combates sino los consiguientes enfrentamientos, las enfermedades y el hambre se han cobrado casi cinco millones de vidas hasta ahora y han desplazado al menos a medio millón. La situación de violencia continúa en el este de la República Democrática del Congo y amenaza con desestabilizar toda la zona.

12

Manelik II: Emperador de Etiopía

MENELIK II FUE emperador de Etiopía (llamada en aquel entonces Abisinia). Fue negus de Soa, en la Etiopía central, y emperador de Etiopía desde 1889 hasta 1909.

Menelik II transformó el país, a partir de una serie de Estados semi independientes, en una nación unida.

Era heredero al trono de Soa a la muerte de su padre, el príncipe Hailu Malkot, en 1855, pero fue llevado a la corte del emperador Teodoro II de Etiopía, el mismo que había vencido a su padre, y que le daría a una de sus hijas por esposa. Más tarde conquistó Soa y se proclamó rey de este territorio, al cual agrandó anexionando otros, como el del pueblo galla.

Posteriormente defendió la autonomía de Soa junto al emperador Yohannes IV, a quien sucedió en 1889 tras muchos intentos gracias a la ayuda de Italia.

Ese mismo año anexionó los reinos septentrionales de Tigré y Amhara y firmó con Italia el polémico Tratado de Wuchale, cuyo original en italiano incluía una cláusula por la cual el emperador convertía a su país en protectorado italiano, lo cual Menelik II no sabía.

En cuanto supo de los términos reales del acuerdo, lo rechazó, lo cual no agradó a los italianos, que en 1894 invadieron Abisinia, provocando una guerra entre ambas naciones. Los italianos pensaban obtener una fácil victoria, como en cualquier otro país africano, pero fueron vencidos en la batalla de Adua en 1896, y en ese mismo año Etiopía se proclamó vencedora e independiente.

Firmó entonces un nuevo tratado con Italia, en el cual Etiopía ganaba su reconocimiento como país independiente e Italia se quedaba con la colonia de Eritrea. Abisinia consolidó su independencia en 1906, año en el que obtuvo el reconocimiento internacional.

. . .

La conquista, el genocidio y la hambruna

A partir de la década de 1880, Menelik partió de la provincia central de Shewa para reunir las tierras y la gente del sur, este y oeste en un imperio. Durante sus batallas, hizo alianzas tácticas con diferentes grupos y nombró a Habte Giyorgis Dinagde Ministro de Defensa, que era de ascendencia mixta gurage-oromo. Las personas incorporadas por Menelik a través de la conquista fueron los sureños: oromo, sidama, gurage, wolayta y otros grupos. Menelik II tenía ascendencia oromo por parte de madre, y la alianza de su difunto padre, el rey Haile Melekot, con el Wollo Oromo lo ayudó militarmente. Logró la mayoría de sus conquistas con la ayuda de los shewan oromos del Ras Gobena, quien ayudó a Menelik anteriormente durante sus enfrentamientos con Gojjam.

En territorios incorporados pacíficamente como Jimma, Leka y Wolega, la orden anterior fue preservada y no hubo interferencia en su autogobierno; en áreas incorporadas después de la guerra, los nuevos gobernantes designados no violaron las creencias religiosas de los pueblos y los trataron legalmente y con justicia.

· · ·

Sin embargo, en los territorios incorporados por conquista militar, el ejército de Menelik llevó a cabo atrocidades contra civiles y combatientes, incluyendo torturas, asesinatos en masa y la esclavitud a gran escala. También se cometieron atrocidades a gran escala contra la gente "dizi" y la gente del reino de Kaficho. Algunos estiman que la cantidad de personas muertas como resultado de la conquista, de la guerra, el hambre y las atrocidades asciende a millones. Según Alexander Bulatovich, el asesor militar ruso de Menelik, los ejércitos de Menelik "aniquilaron terriblemente a más de la mitad" de la población oromo (Galla), matando hasta a 5 millones de personas, lo que "le quitó al Galla toda posibilidad de pensar en algún tipo de levantamiento".

Durante el reinado de Menelik, la gran hambruna de 1888-1892, la peor de la historia de la región, mató a un tercio de la población total, que se estimó en 12 millones.

La causa fue la peste bovina, una enfermedad infecciosa viral del ganado que eliminó a la mayoría del ganado nacional, matando a más del 90 % del ganado. La población de ganado nativo no tuvo exposición previa y no pudo combatir la enfermedad.

. . .

La Modernización

En 1886, Menelik II fundó la ciudad de Adís Abeba y aplicó una política de modernización militar, económica y cultural que permitió asentar las bases del actual Estado etíope. En este proceso cabe destacar su intento de abolir el comercio de esclavos, el recorte de poder y privilegios de la nobleza feudal del país y la apertura del comercio con la colonia francesa de Yibuti.

El emperador siguió los pasos de Teodoro II; su objetivo era introducir las técnicas de administración (burocracia) y los avances tecnológicos occidentales en Etiopía. Tres meses después de su victoria en Adua, una misión rusa de carácter médico militar organizó el primer hospital moderno del Imperio.

En poco tiempo las demás potencias comenzaron una carrera para establecer relaciones diplomáticas con Etiopía, al mismo tiempo que numerosos empresarios occidentales firmaban contratos para la explotación de los recursos naturales del que era entonces uno de los pocos países independientes de África.

. . .

Menelik II fundó el Banco de Abisinia, primera entidad de su tipo en el país, aunque no tuvo éxito en reemplazar con una nueva emisión monetaria los antiguos táleros de María Teresa que seguían en uso.

Logró, en cambio, crear un sistema de correos (y se adhirió a la Unión Postal Universal) y bajo sus auspicios comenzaron las obras para construir un ferrocarril entre Adís Abeba y Yibuti (con capital francés). Entre otros logros de este emperador, se pueden mencionar la instalación de una central eléctrica que proveía a la capital, el telégrafo y el teléfono, los desagües modernos en las casas y los primeros automóviles.

13

Hambruna kazaja

La hambruna kazaja de 1930–1933, conocida en Kazajistán como el genocidio de Goloshchokin (en kazajo: Goloshekındik genotsıd) también conocido como la catástrofe kazaja: o de "segunda Aqtaban Šubryndy"-(agotamiento poblacional), fue una hambruna mayoritariamente antropogénica, en la que murieron 1.5 millones (posiblemente hasta 2.0–2.3 millones) de personas en la República Socialista Soviética de Kazajistán, de los cuales 1.3 millones pertenecían a la etnia kazaja o 38% de los fallecidos, siendo el porcentaje más alto que cualquier otro grupo étnico que pereció durante las hambrunas soviéticas de 1932-1933.

A pesar de ser en su mayoría provocados por el hombre, hubo algunos factores naturales que exacerbaron la crisis.

El factor natural más importante de la hambruna fue el Zhut de 1927 a 1928 (un período de frío extremo en el que el ganado pasaba hambre y no podía pastar).

En 1928, las autoridades soviéticas se sometieron a una campaña para confiscar el ganado de los bais (kazajos ricos) conocido como "Pequeño Octubre". La campaña de confiscación fue llevada a cabo por kazajos contra otros kazajos, y correspondía a dichos kazajos decidir quién era un "bai" y cuánto confiscarles. Esta participación estaba destinada a convertir a los kazajos en participantes activos en la transformación de la sociedad kazaja.

Más de 10,000 Bais pueden haber sido deportados debido a la campaña en su contra.

El ganado y el grano de Kazajistán se adquirieron en gran medida entre 1929 y 1932, con un tercio de los cereales de la república que fueron solicitados y más de 1 millón de toneladas confiscadas en 1930 para suministrar alimentos a las ciudades. Stephen Wheatcroft atribuye la hambruna a la falsedad de las estadísticas realizadas por las autoridades soviéticas locales para satisfacer las expectativas poco realistas de sus superiores que conducen a la sobre extracción de recursos kazajos.

Algunos kazajos fueron expulsados de su tierra para dar cabida a "colonos especiales" y presos del Gulag, y parte de la poca comida kazaja se destinó también a dichos presos y colonos. La ayuda alimentaria a los kazajos se distribuyó selectivamente para eliminar a los "enemigos" del estado. A pesar de los pedidos nacionales, se negó ayuda alimentaria a muchos kazajos, ya que los funcionarios locales los consideraban improductivos, y en su lugar se brindó ayuda a los trabajadores europeos en el país.

Las víctimas kazajas de la hambruna fueron ampliamente discriminadas y expulsadas de sectores de toda la sociedad a pesar de que el gobierno soviético no había ordenado que se hiciera esto. En 1932, 32 (de los menos de 200) distritos de Kazajstán que no significaban que las cuotas de producción de granos estaban "en la lista negra", lo que significa que se les prohibió comerciar con otras aldeas.

Impacto

Si lo vemos en porcentajes, fue la región más afectada por la hambruna, aunque en cantidad de personas fue hacia los ucranianos ante el Holodomor, el cual comenzará un año después. Además de la hambruna kazaja de 1919-1922, entre 10 y 15 años, Kazajistán perdió más de la mitad de su población, debido a las acciones del poder soviético. Algunos historiadores suponen que el 42% de toda la población kazaja murió durante la hambruna. Los dos censos soviéticos muestran que el número de kazajos en Kazajistán cayó de 3,637,612 habitantes en 1926 a 2, 181,520 habitantes en el censo de 1937. Las minorías étnicas en Kazajistán también se vieron afectadas significativamente. La población ucraniana en Kazajistán disminuyó de 859.396 a 549.85911 (una reducción de casi el 36% de su población), mientras que otras minorías étnicas en Kazajistán perdieron el 12% y el 30% de sus poblaciones. Los ucranianos que murieron en Kazajistán a veces son considerados víctimas del Holodomor.

Esto contribuyó a que la población de etnia rusa creciera en proporción al resto de la población, convirtiéndose en mayoritaria.

La hambruna convirtió a los kazajos en una minoría en la República Autónoma Socialista Soviética de Kazajistán, y no fue sino hasta la década de 1990, cuando los kazajos volvieron a ser el grupo étnico más grande del país.

. . .

Antes de la hambruna, alrededor del 60% de la población de la república era kazaja, pero después de la hambruna, se redujo a un 38% de la población. En la víspera de la colectivización, había 40.5 millones de rebaños de ganado en Kazajistán, y el 1 de enero de 1933, sólo había 4.5 millones de sobras.

Las Refugiadas

Aproximadamente 1,700,000 kazajos fueron desplazados por la hambruna. Debido a la inanición 600,000 kazajos huyeron de la hambruna con su ganado fuera de Kazajistán a China, Mongolia, Afganistán, Irán y las repúblicas soviéticas de Uzbekistán, Kirguistán, Turkmenistán, Tayikistán y Rusia en busca de alimentos y empleo en los nuevos sitios de industrialización de Siberia Occidental con 900,000 cabezas de ganado. El gobierno soviético trabajaría más tarde para repatriar a 665,000 kazajos que fueron desplazados a otras partes de la Unión Soviética de regreso a Kazajistán. El 70% de los refugiados sobrevivieron y el resto murió debido a las epidemias y el hambre. Mientras los refugiados huían de la hambruna, el gobierno soviético hizo algunos intentos para detenerlos.

. . .

En un caso, los distribuidores de socorro colocaron comida en la parte trasera de un camión para atraer a los refugiados, y luego encerraron a los refugiados dentro del camión y los arrojaron en medio del desierto. Se desconoce la suerte de dichos refugiados. Miles de kazajos fueron asesinados a tiros y algunos incluso fueron violados en su intento de huir a China.

Algunos historiadores y expertos consideran esta hambruna como un genocidio hacia los kazajos. Las autoridades soviéticas emprendieron una campaña de persecución contra los nómadas en los kazajos, creyendo que la destrucción de la clase era un sacrificio digno para la colectivización de Kazajistán. Los europeos en Kazajistán tenían un poder desproporcionado en el partido, lo que se ha argumentado como una causa de por qué los nómadas indígenas sufrieron la peor parte del proceso de colectivización en lugar de las secciones europeas del país.

14

El genocidio guatemalteco

EL GENOCIDIO MAYA, llamado también genocidio guatemalteco, ocurrió en Guatemala, en la región petrolera del Triángulo Ixil, en la década de 1980, específicamente entre 1981 y 1983.

Se desarrolló durante el período de la Guerra Civil de Guatemala (1960-1996) en el que se produjeron, según el informe "Memoria del Silencio" de la Comisión para el Esclarecimiento Histórico, nombrada por las Naciones Unidas para investigar los hechos históricos de dicha guerra civil, un aproximado de doscientos mil personas desaparecidas y/o asesinadas y, según otros analistas, menos de cien mil víctimas.

. . .

La discrepancia surge de la interpretación de los análisis estadísticos realizados; la Asociación Americana para el Avance de la Ciencia, entidad que publicó el reporte de la Comisión para el Esclarecimiento Histórico, fue quien realizó el trabajo estadístico sobre el número reportado de muertes, e indicó que el mismo es únicamente un estimado. Los números variaron entre 50,000 y 200,000 fallecidos.

La perpetración de masacres sistemáticas en Guatemala surgió de la prolongada guerra civil de este país centroamericano, donde la violencia contra la ciudadanía, indígenas mayas de las comunidades rurales del país en su mayoría, se ha definido en nivel extensivo como genocidio, de acuerdo a la Comisión para el Esclarecimiento Histórico, según los crímenes continuados contra el grupo minoritario maya ixil asentado entre 1981 y 1983 en la demarcación septentrional del departamento de El Quiché, en la región petrolera de la Franja Transversal del Norte, con la implicación de exterminio ante la baja densidad demográfica de la etnia y la migración forzada de comunidades completas hacia la región fronteriza en busca de asilo en Chiapas, México, desarraigadas por la persecución; además de acaecer como procedimiento de Estado tácticas de tierra arrasada, torturas, desapariciones, "polos de desarrollo" (eufemismo para campos de concentración) y ultrajes recurrentes contra las mujeres y niñas ixiles, muchas de ellas muriendo por esta causa, crímenes de lesa humanidad en contra de todos los órdenes internacionales de Derechos Humanos.

Los militares, según apreciaciones de la Comisión de la ONU e incluso los investigadores independientes, habrían cometido el 93 % de los crímenes contra la población civil arguyendo confrontar grupos armados facciosos en el extremismo dicotómico de la Guerra Fría, mientras que el 7 % restante se atribuyen a la guerrilla o grupos no identificados.

El 18 de julio de 1982, el entonces presidente de facto Efraín Ríos Montt fue citado en el periódico estadounidense más importante diciendo a la población indígena como parte del programa Fusiles y Frijoles: Si están con nosotros, los vamos a alimentar; si no lo están, los vamos a matar. Asimismo, en otros grupos étnicos minoritarios asentados en regiones donde hubo masacres frecuentes, como los mayas chuj o q'anjob'al, la represión estatal condujo a una reducción drástica de la población y a daños permanentes en la estructura social y cultural y psicológica de los pueblos afectados por el conflicto armado interno.

. . .

Las Masacres

Casi todas las masacres de la guerrilla se dieron en 1982 cuando ya imperaba una mayor militarización con presencia generalizada de las PAC en las comunidades; en muchas de ellas, las víctimas refieren la no-colaboración con la guerrilla como causa de la masacre y en algunos casos se dio el antecedente de un ataque previo de PAC.

En las masacres atribuidas a la guerrilla no aparece el uso de delatores, ni concentración de la población, ni la separación por grupos; tampoco se da ningún caso de obligación a participar, ni violaciones, ni masacre repetitiva. No aparecen casos de aldeas arrasadas y muestran una menor tendencia a la huida masiva, aunque esta si se dio en algunos casos. También es más frecuente el uso de listas.

En una publicación del Ejército de Guatemala, se reportan sesenta masacres que habrían sido perpetradas por el EGP (Ejército Guerrillero de los Pobres), y aduce que las mismas fueron en su mayoría ignoradas por los informes REHMI y de la Comisión para el Esclarecimiento Histórico.

. . .

También se reporta que, a mediados de 1982, treinta y dos miembros del Frente Guerrillero de la Estrella fueron fusilados por no izar la bandera del EGP. La mayor parte de las veces las víctimas fueron hombres, aunque en algunas ocasiones las muertes tuvieron también un carácter indiscriminado. Las mujeres fueron víctimas en la mitad de las masacres de la guerrilla, en menor medida, se describe la muerte de niños o de ancianos. En los relatos de las víctimas se denuncian también atrocidades y quema de casas cometidas en 5 masacres. Como consecuencia de esas masacres guerrilleras se produjo un aumento de la colaboración de la población con el Ejército y el refuerzo de las PAC. Sin embargo, en algunas ocasiones esas comunidades sufrieron también posteriormente nuevas masacres a manos del Ejército (como Chacalté en 1985).

15

Darfur: ¿El primer genocidio del siglo XXI?

Sudán, en el noreste de África, es el país más grande del continente. Alrededor de 100 tribus componen la población de 6 millones, que se compone principalmente de nómadas árabes y agricultores africanos. En Darfur, una región en el oeste de Sudán, las tensiones entre los habitantes árabes y africanos han existido durante mucho tiempo en relación con los derechos a la tierra y al pastoreo. Los grupos árabes nacionalistas reclaman la superioridad sobre las tribus africanas y tienen derecho previo a la tierra.

Omar al Bashir asumió la presidencia de Sudán en un golpe militar en 1989. Su régimen ha fomentado la incitación a tensiones regionales en el país.

· · ·

Desde 2003, dos grupos guerrilleros rebeldes, el Ejército de Liberación de Sudán y el Movimiento de Justicia e Igualdad han atacado al gobierno por no proteger a los agricultores contra los nómadas. El gobierno respondió con su propia milicia conocida como Janjaweed (significa demonios a caballo). Las dos partes han atacado más de cuatrocientas aldeas en Darfur, provocando el desplazamiento de millones de civiles.

Los Janjaweed financiados por el gobierno asesinaron y desplazaron sistemáticamente a la población agrícola en la región de Darfur en Sudán. Hasta ahora, se cree que alrededor de 400,000 personas han perdido la vida como resultado de la guerra, ya sea por asesinato, hambre o enfermedad. El gobierno sudanés cuestiona estas cifras y niega estar involucrado con la milicia. En 1989, Estados Unidos bombardeó una planta farmacéutica en la que afirmaron que el gobierno estaba produciendo armas químicas.

En 2009, la Corte Penal Internacional acusó al presidente de una campaña de asesinatos masivos y violaciones contra el pueblo de Darfur. También se emitieron órdenes de detención para el ex ministro de Estado y líder de la milicia Janjaweed.

. . .

Ninguno de estos individuos fue entregado a la CPI. Los aldeanos informaron haber sido atacados por aviones del gobierno, seguidos de incursiones de Janjaweed montando caballos y camellos. Las milicias mataron a los hombres, violaron a las mujeres y saquearon todo lo que encontraron. Según los informes, Janjaweed también patrulla las zonas que rodean los campos de refugiados y captura a los civiles que se alejan demasiado en busca de leña o agua.

Las conversaciones de paz y los tratados han fracasado continuamente en traer una paz duradera y la violencia continúa. En 2010, JEM firmó un acuerdo de paz con el gobierno sudanés. A pesar de que el presidente Bashir declaró el fin de la guerra de Darfur, continúan los enfrentamientos entre el gobierno y las fuerzas rebeldes. Más tarde ese mismo año, la CPI emitió una segunda orden de arresto contra Bashir, esta vez específicamente por cargos de genocidio.

En enero de 2011, el pueblo mayoritariamente cristiano y animista del sur de Sudán votó por la independencia del resto del país y se separó en julio de ese año.

. . .

Sin embargo, la violencia continuó estallando entre las dos áreas, particularmente cuando las fuerzas sudanesas fueron acusadas de bombardear un campamento de refugiados en Sudán del Sur. A pesar de aún más tratados de paz, los combates siguen estallando a lo largo de las fronteras mientras los dos gobiernos no logran resolver las disputas sobre el territorio y los ingresos del petróleo.

Mientras tanto, han continuado los enfrentamientos con los rebeldes de Darfur. La inestabilidad ha dificultado que las agencias de ayuda lleguen a algunas áreas que necesitan ayuda desesperadamente. El conflicto con Darfur también ha amenazado con extenderse al vecino Chad, donde muchos refugiados han huido.

La ONU estima que alrededor de 2,7 millones de habitantes de Darfur se encuentran actualmente en campos de refugiados y más de 4,7 millones dependen de la ayuda humanitaria para su supervivencia. Un video publicado en octubre de 2012 afirma mostrar a las fuerzas sudanesas cometiendo más actos de genocidio en la región de Kordofán del Sur. Se informa que han destruido sistemáticamente una aldea entera, comenzando con ataques aéreos seguidos de escuadrones de la muerte que iban sistemáticamente casa por casa.

• • •

El gobierno sudanés también ha sido acusado por Human Rights Watch de bombardeos indiscriminados en las montañas Nuba. Omar al Bashir sigue siendo el presidente de Sudán.